José Alberto Yuni
Claudio Ariel Urbano

Envejecer aprendiendo

Claves para un envejecimiento activo

ENCUENTRO
Grupo Editor

ENCUENTRO
Grupo Editor

Título: *Envejecer aprendiendo: Claves para un envejecimiento activo*
Autores: José Alberto Yuni y Claudio Ariel Urbano

Yuni, José Alberto
  Envejecer aprendiendo : claves para un envejecimiento activo / José
Alberto Yuni ; Claudio Ariel Urbano. - 1a ed . - Córdoba : Encuentro
Grupo Editor, 2016.
  190 p. ; 23 x 15 cm.

  1. Adultos Mayores. I. Urbano, Claudio Ariel II. Título
  CDD 305.26

www.editorialbrujas.com.ar publicaciones@editorialbrujas.com.ar
Tel/fax: (0351) 4606044 / 4691616- Pasaje España 1485 Córdoba–Argentina.

ENCUENTRO
Grupo Editor

Índice

Prólogo

En las últimas décadas estamos siendo testigos de un fenómeno novedoso en la historia de la humanidad: el envejecimiento de la población. Se trata no solo de una transformación cuantitativa producida por el incremento de las personas mayores en el conjunto de la población, sino de una mutación de orden cualitativo que interpela nuestros modos de pensar, sentir, proyectar y construir la vejez. Paradójicamente, el envejecimiento como fenómeno social está produciendo una renovación de las formas de pensar el curso de la vida humana y ha generado una fecunda innovación de dispositivos socio-culturales que dan cabida a las nuevas generaciones de adultos mayores.

En nuestro mundo contemporáneo las personas mayores son más, pero también son muy diferentes en sus búsquedas, aspiraciones, expectativas y condiciones de vida. Esas diferencias se acrecientan si las comparamos con sus antecesores de hace apenas cincuenta o sesenta años atrás.

Este texto aborda uno de los cambios cualitativos que desestabiliza el imaginario tradicional de la vejez: el aprendizaje en las edades avanzadas de la vida. Hasta hace unas décadas predominaba la idea de que la infancia, la adolescencia y la juventud eran los momentos de la vida dedicados a la educación y la formación. Las personas adultas se consideraban como hechas, terminadas, con un conocimiento experiencial acumulado que las habilitaba para la vida social y las legitimaba para orientar los procesos de transmisión de ese capital cultural a las generaciones más jóvenes. En cambio, en la actualidad la educación y el aprendizaje son concebidos como componentes del proyecto personal y como herramienta de transformación social en las edades avanzadas de la vida. Dicho de otro modo: la vejez es también un tiempo de aprendizajes que permite experimentar la novedad y desplegar el potencial humano que anida en las personas a lo largo del curso de la vida.

Este libro condensa un conjunto de reflexiones, posiciones y experiencias desarrolladas como investigadores y practicantes de la educación de adultos mayores en la última década. En cierto sentido, el texto posee una continuidad reflexiva con el libro *Educación de adultos mayores: teoría, investigación y experiencias* (Brujas, 2005), publicado hace una década atrás. Esa obra sirvió para fundamentar y difundir la gerontagogía como una disciplina académica y como un campo de prácticas profesionales, que se ha expandido notablemente en América Latina.

Sin embargo, este texto propone algunas rupturas y propone otras miradas generadas tanto por el desplazamiento de algunas nociones conceptuales, como por la misma dinámica socio-cultural de transformación cualitativa del proceso de envejecimiento. En la última década se han producido cambios importantes en los modos de nominar y construir socialmente la experiencia del envejecer y en este texto nos proponemos acercar a los lectores algunas de estas discusiones.

Este libro da cuenta de los pasajes que a lo largo de esta década se han ido produciendo, generados en muchos casos por el efecto del accionar y despliegue de numerosas y variadas experiencias educativas que se han realizado en el mundo y particularmente en nuestro continente. Cabe señalar los siguientes:

- Institucionalización política del concepto de envejecimiento activo como principio rector de las políticas públicas enmarcadas en el enfoque de derechos.
- Institucionalización discursiva de la noción de aprendizaje a lo largo de la vida como principio educativo que responde a las dinámicas socio-culturales contemporáneas.

- Institucionalización de imaginarios sociales que promueven el acceso a la educación en las edades de la vida.
- Promoción de la educación como recurso inclusivo en las políticas públicas y sociales latinoamericanas.

En este trabajo desplazamos el foco de indagación desde la Educación de Adultos Mayores como práctica efectivizada en distintos dispositivos y agencias sociales, hacia el Aprendizaje situado en las coordenadas de la vejez. A partir de las nociones de Aprendizaje a lo largo de la vida y de Envejecimiento Activo, reflexionamos sobre las interacciones entre la tríada Educación, Aprendizaje y Envejecimiento Activo. A la luz de intervenciones en el campo gerontagógico y psicogerontológico, recuperamos los significados y sentidos que ofrecen los discursos de los adultos mayores sobre el aprendizaje, para darle un contenido contextualizado a esas nociones generalmente abstractas.

Una de las contribuciones más originales que proponemos a los lectores son las aproximaciones que efectuamos a las siguientes preguntas ¿Qué significa aprender en las edades avanzadas de la vida? ¿Cuál es el valor que los adultos mayores le otorgan al aprendizaje en este momento del curso de la vida? ¿Qué función tiene el aprendizaje como proceso de adaptación a los cambios que impone y propone el envejecimiento? El texto propone algunas respuestas a estos interrogantes basándose en contribuciones teóricas y trabajos elaborados por nosotros en el marco de las actividades que realizamos como cientistas sociales.

El texto permite revalorizar el aprendizaje como una de las principales capacidades adaptativas de la especie y como una actividad compleja a través de la cual se despliega el proceso de humanización, continúa la complejización psíquica y se resignifica la identidad personal y social de los adultos mayores. Aprender en las edades avanzadas de la vida representa una experiencia subjetiva de enriquecimiento y revitalización que permite afrontar las vicisitudes del envejecer y promueve la pertenencia e inclusión en redes sociales en las que circulan imaginarios renovados y esperanzadores sobre las potencialidades de la vejez.

Nuestro reconocimiento a numerosos colegas y amigos que han acompañado nuestro recorrido en este campo. En particular, agradecemos a los integrantes del GESED (Grupo de Investigación en Gerontología Social y Educativa) de la Universidad de Castilla La Mancha, España, con quienes hemos mantenido un permanente intercambio y colaboración convertida en sincero afecto. Su Director Dr. Juan Lirio Castro es un inquieto interlocutor y animador del intercambio de experiencias trasnacionales. Nuestras reflexiones y aportes basados en evidencia empírica han sido facilitadas por la interacción con destacados especialistas y académicos del ámbito de la Educación de Adultos mayores o de la Gerontología Social con quienes desarrollamos diferentes proyectos de cooperación académica y científica. Vale recordar a las Dras. Concha Bru Ronda y Rita de Cassia Olivera, las Mg. Teresa Orosa, Marisol Rapso y Blanca Lopez La Vera y la Dra. Verónica Montes de Oca. Queremos reconocer especialmente los variados aportes académicos de la Mg. Laura Golpe cuya producción nos estimula y provoca hacia nuevas búsquedas.

Finalmente expresamos nuestro agradecimiento al CONICET (Consejo Nacional de Investigaciones Científicas y Técnicas de la República Argentina) que en estos años ha financiado nuestra actividad científica y nos ofrece un espacio de producción de conocimientos que permite legitimar los campos gerontagógicos y psicogerontológicos. Asimismo, agradecemos a todos los responsables de instituciones de educación no formal que realizan actividades con personas mayores y que generosamente nos abren sus puertas para poder concretar nuestros estudios de campo, además de ayudarnos a visualizar las complejas transformaciones que están aconteciendo en la educación y el aprendizaje de los adultos mayores.

Capítulo 1

LA EDUCACIÓN DE ADULTOS MAYORES COMO PROYECTO DE CAMBIO CULTURAL

Introducción

La Educación de los Adultos Mayores (EAM) es un campo socio-educativo emergente en las sociedades contemporáneas. En el contexto latinoamericano se registra un espectacular desarrollo de experiencias educativas orientadas a las personas mayores, con una amplia variedad de formatos, dispositivos y metas de intervención. No obstante, nuestra perspectiva sobre la educación en este momento del curso de la vida no se limita al análisis y fundamentación de su dimensión organizativa, metodológica y pedagógica, sino que intenta explorar la resignificación de su sentido colectivo en el marco de los procesos socio-culturales vinculados al envejecimiento poblacional.

Ya en la década de los 80 del siglo pasado se comenzó a plantear dentro del campo gerontológico una disciplina especializada en las dimensiones educativas del proceso de envejecimiento a nivel social e individual. Numerosos autores intentaron delimitar el territorio de la Gerontología Educativa. Años más tarde, dentro del campo de las

Ciencias de la Educación comienza a debatirse sobre la pertinencia de las tradicionales categorías conceptuales de la Educación de Adultos y de la Pedagogía, para dar cuenta de las prácticas educativas orientadas a las personas mayores. En el intento de establecer cierta autonomía y diferenciación respecto a la Educación Social, la Educación de Adultos y la Andragogía, se fue configurando la Gerontagogía como ámbito disciplinar especializado en los procesos de enseñanza y aprendizaje en la vejez.

El desarrollo teórico de la Gerontagogía ha estado dominado por la producción científica y académica centroeuropea y de los países anglófonos, lo que ha favorecido el desarrollo de ciertas líneas de análisis que no permiten dar cuenta de otras experiencias y formas de pensar la educación de adultos mayores como práctica socio-histórica dependiente de contextos y matrices culturales particulares (Findsen y Formosa, 2015). En lo que sigue se presentan algunas ideas que estructuran nuestra visión -inspirada en nuestro contacto con múltiples prácticas gerontagógicas a lo largo de Latinoamérica- sobre los sentidos de la educación de los adultos mayores.

La educación de adultos mayores en las coordenadas culturales

La EAM, al igual que diferentes formas y dispositivos de la Educación es una práctica social modelada en las fuerzas sociales, los sistemas de valores y de simbolización propios de cada época. La educación de mayores constituye un acontecimiento contemporáneo surgido en el último cuarto del siglo XX. Este acontecimiento instituyente instaló en el imaginario social la idea de que la vejez es un momento de la vida en que se puede seguir aprendiendo y que las personas mayores mantienen sus capacidades para realizar múltiples aprendizajes y continuar desplegando su desarrollo en las edades avanzadas de la vida. En tal sentido, la EAM es producto de una operatoria cultural a la vez que cumple una función de proyección de nuevos imaginarios, valores y significados acerca de la vejez en las sociedades contemporáneas. Por ello, el análisis de la Educación de los Adultos Mayores requiere considerar su naturaleza cultural y su papel en la producción de significados y sentidos colectivos.

Entendemos como cultura a la trama de significados de naturaleza simbólica que sostiene y estructura lenguajes, rituales, valores, ideales, prácticas, artefactos, dispositivos, etc. que permiten asignar, otorgar y extraer sentido a las acciones individuales realizadas por los sujetos, en el marco más amplio de las instituciones y de la sociedad como organización estructurada de la vida en comunidad. Este modo de comprender la cultura como trama y como proceso de significación simbólica a través de la cual se signa y de-signa el orden biológico y social, nos permite abordar dos procesos vinculados a la EAM.

En el sentido más amplio la cultura es aquel ámbito de la vida comunal en el que se reproducen, circulan y se generan representaciones e imaginarios que, en un juego dialéctico, disputan el campo de significación y se ofertan como claves de lectura y transformación del mundo y de los sujetos. Parafraseando el concepto de Castoriadis, podemos pensar el campo cultural como el magma en el que diferentes formas de representación de la realidad pujan y pugnan entre sí. En el campo cultural anidan representaciones e imaginarios a través de los cuales históricamente las sociedades se han representado y han fabricado simbólicamente la vejez y el envejecimiento de sus miembros.

Las formas de representación de la vejez en las sociedades llamadas Occidentales se han caracterizado por su carácter dualista y antagónico, marcado de un lado por el polo del deterioro o la decrepitud y del otro, por la sabiduría y la realización. En esas formas de representar la vejez se asientan los estereotipos, prejuicios y actitudes que nutren prácticas viejistas y segregacionistas de las personas mayores. Como sostiene Golpe (2011), los imaginarios sociales sobre la vejez aparecen connotados negativamente, como un territorio de ajenidad y alteridad radical en el que es dificultoso el reconocimiento de la otredad. A diferencia de la juventud que siempre es propia, la vejez siempre es de los otros, la vejez es ajena, aunque no sea cierto.

Para la autora, son múltiples las significaciones y muchos sus anclajes imaginarios. Por eso *de la vejez…no se habla, se habla de los viejos*, que *son otros: sujetos en diáspora*. La *vejez ajena* adquiere múltiples significaciones imaginarias que están atravesadas por la idea del tiempo lineal y por atributos que configuran su ontología social, instituyendo imaginarios firmemente instituidos en nuestras sociedades. Entre esos atributos, la autora refiere los de: a) declinación, basada en el imaginario biológico de apoptosis; b) obsolescencia, basada en el imaginario cultural de anacronía; c) abyección, basada en el imaginario estético de decrepitud, d) silencio, basada en un imaginario de anatema; y e) desesperanza, basada en un imaginario de pérdida de la motivación vital.

Frente a estos modos de representación de la vejez, la educación como acción cultural está llamada a cumplir su función instituyente, ligada a la creación y disputa de nuevos significados que permitan instaurar otros modos y formas de significación social e individual de la vejez. No es posible pensar en la eliminación de las formas de discriminación hacia las personas mayores o la transformación de los estereotipos y actitudes viejistas, si no generamos una operación cultural radical que nos permita producir nuevos significados respecto a la vejez y el envejecimiento en nuestras sociedades. Esa operación cultural requiere de nuevos lenguajes, ideologías y recursos de simbolización y significación para la vejez, de modo tal que puedan ofertarse como herramientas culturales que favorezcan la construcción de identidades y subjetividades instituyentes.

El campo cultural es el territorio simbólico del que se nutre el qué de la educación, es decir de aquello que se transmite en la acción educativa. Las instituciones de producción y circulación cultural (universidades, medios de comunicación, sistemas educativos, iglesias, etc.) deben afrontar las demandas de contenidos referidos a los adultos mayores como un sujeto cultural emergente, así como de contenidos orientados a estas nuevas generaciones de adultos mayores que poseen intereses, lenguajes y prácticas de producción y consumo cultural ampliamente diferenciados de sus generaciones precedentes.

La disputa simbólica orientada a la institucionalización de nuevos significados sobre la vejez y el envejecimiento, tiene que afrontar el carácter destituyente de la experiencia de envejecer que proponen los imaginarios hegemónicos. La acción educadora orientada a incidir en los imaginarios colectivos, requiere mantener una posición crítica frente a los imaginarios de ajenidad a los que nos referimos anteriormente, así como también respecto a aquellos otros promovidos por la cultura del consumo, en el que la vejez es construida desde una perspectiva de estetización, tecnologización y mercantilización.

Ciencia, técnica y arte tienen en este escenario epocal un rol fundamental en la medida en que pueden contribuir a re-nombrar la experiencia personal y comunal de la vejez, proponiendo nuevas metáforas y lenguajes que permitan reconocer y apropiarse del envejecimiento como un tiempo otro de oportunidad y novedad. De hecho, los avances realizados en las últimas décadas en materia de re-figuración de los imaginarios sobre la vejez y sus posibilidades, son producto de la eficacia simbólica del accionar de las universidades abiertas o los programas universitarios de adultos mayores, quienes han mostrado que la vejez es un momento del curso de la vida con posibilidades de aprender, generar conocimientos, participar activamente en la vida social, mantenerse actualizados y conectados a las dinámicas de transformación socio-cultural, etc.

En definitiva, la educación como práctica socio-cultural está llamada a cumplir una tarea fundamental y necesaria para erradicar los estereotipos y prejuicios que se adosan a la vejez. Esa tarea implica contribuir en el proceso de "fabricación" y puesta en circulación de otros imaginarios sobre la vejez y el envejecimiento. Ello permite inaugurar nuevas discursividades, prácticas y dispositivos institucionales, que dan cuenta de la revolución en marcha que ya está aconteciendo, respecto a las posibilidades y estilos de vida de las generaciones actuales de adultos mayores.

La educación de adultos mayores en el proceso de mutación cultural

La otra dimensión en la que podemos establecer una relación entre educación de mayores y cultura remite al carácter constitutivo de la educación como proceso básico y permanente de humanización. La educación es el proceso a través del cual, a lo largo de la vida, los seres humanos desplegamos nuestro proceso de humanización. Devenir humanos implica convertirnos en sujetos culturales, mediante la apropiación de diferentes herramientas culturales que constituyen nuestro principal recurso de adaptación como seres-en-la-vida.

Los procesos educativos son formas especializadas de socialización, mediante las cuales se transmiten ciertos contenidos culturales considerados válidos, legítimos y pertinentes en cada momento histórico. La adquisición de esas herramientas y contenidos culturales nos permite mantener y sostener nuestros procesos de intercambio e integración socio-cultural y, mediante su uso, tenemos la posibilidad de auto-transformarnos y transformar el entorno.

Sin embargo, las generaciones actuales de adultos mayores afrontan un tiempo social en el que se está produciendo una mutación vertiginosa de los códigos, lenguajes, dispositivos y estilos de producción y circulación cultural. Esta transformación está en íntima relación con la distribución del poder entre las generaciones, cuya disputa se juega en gran parte en el plano del acceso, la circulación y la transmisión cultural. El problema de las relaciones intergeneracionales no es sólo un problema de orden social, sino que la base de su existencia se basa en la disputa de significados en torno al valor del capital cultural encarnado en los representantes de las diferentes generaciones en la organización de la vida social.

La cultura contemporánea deslegitima los saberes adquiridos por los mayores en el proceso de socialización y genera una demanda de actualización que los moviliza hacia aquellos dispositivos socio-culturales encargados de efectivizar el mandato cultural de mantenerse actualizados y conectados. Los adultos mayores son atravesados por la tensión paradojal que genera una cultura que promueve el cambio y la transformación permanente, mientras que simultáneamente, sostiene el valor de la experiencia. Las personas mayores transitan las coordenadas de este tiempo convencidas que la actualización mediante el autoaprendizaje o el aprendizaje en dispositivos de educación no formal, son algunas de las principales opciones para mantenerse integrados e incluidos en redes y ámbitos de significación existencial.

La cultura contemporánea propicia permanentes demandas de actualización, revisión y adquisición de bienes y recursos simbólicos que median la interacción de los adultos mayores con su entorno. Los bienes y recursos culturales adquiridos en las edades tempranas de la vida, se tornan insuficientes para comprender y actuar en el mundo contemporáneo. Frente a ello, la educación como acción a través de la cual nos apropiamos de las herramientas culturales deviene una necesidad individual y social para reducir la brecha generacional, que afecta negativamente a los de mayor edad.

Pero el problema de la educación de los mayores no sólo es del orden de la actualización de sus herramientas culturales, sino que asistimos a otras transformaciones cualitativas que se han producido en el orden cultural. Entre estas transformaciones del tiempo presente se destaca la alteración de las modalidades y la orientación de la transmisión del capital simbólico. La tradicional asimetría entre las generaciones adultas y las jóvenes se sostenía, en parte, en el dominio del conocimiento social. Esta situación está siendo modificada en el mundo contemporáneo. Las décadas posteriores a la posguerra pusieron en la escena social el conflicto generacional y la crítica de las generaciones jóvenes a las adultas. Las expresiones políticas, culturales, estéticas y de acción colectiva a través de las cuales los jóvenes expresaron su descontento con la distribución del poder generacional en la década del sesenta del siglo pasado, marcan un hito en las relaciones intergeneracionales.

Por su parte, hacia finales del siglo XX, la dinámica del capitalismo vió en la diáspora generacional un nuevo nicho de negocios, contribuyendo a la fragmentación etaria de los consumidores, propiciando las identificaciones e intercambios intra-generacionales. Ello dió lugar a la emergencia de subculturales generacionales tales como la cultura infantil, adolescente, adulta, gerontológica.

Las nuevas tecnologías de la información y la comunicación han agregado otro factor más de desestabilización a los intercambios intergeneracionales, ya que ponen del lado de las generaciones más jóvenes el dominio de los conocimientos tecnológicos. La cultura digital está transformando no sólo los lenguajes sino la naturaleza de los procesos de intercambio, materializando lo que Margaret Mead denominó culturas prefigurativas, en las que las generaciones más jóvenes educan a las de mayor edad. La transmisión cultural como forma primordial de intercambio generacional está adoptando la forma de transacción. La tradicional asimetría generacional dada por la desigualdad en el dominio de los conocimientos y saberes está mutando a formas más horizontales basadas en la interactividad.

En resumen, vivimos un tiempo social en el que conviven y se solapan diferentes ordenes culturales que pujan por imponer sus particulares sentidos y modos de producción y circulación. En ese palimpsesto epocal, los adultos mayores constituyen uno de los grupos generacionales más expuestos a la lógica paradojal de la cultura contemporánea en tanto que en ellos conviven elementos residuales del orden posfigurativo, son interpelados por el orden configurativo y tienen que desempeñarse en el contexto de lo prefigurativo. En esa dinámica mutante, la educación adquiere un nuevo significado en tanto que ya no se supone solamente como un proceso de formación de las generaciones jóvenes para aprender a actuar en escenarios futuros, sino que se plantea como un proceso necesario para todas las generaciones, de cara a sostener y actuar en el escenario de lo presente.

Capítulo 2

ENVEJECIMIENTO ACTIVO Y EDUCACIÓN DE ADULTOS MAYORES

Introducción

En el prólogo de este libro planteamos nuestro interés en presentar algunas dimensiones de las transformaciones contemporáneas en la comprensión de la noción de envejecimiento y de la vejez como proceso individual y social. Esas transformaciones las hemos caracterizado como pasajes o transiciones en los modos de representar, nombrar y producir la vejez como acontecimiento humano. Entre esos pasajes hemos hecho mención a la institucionalización política del concepto de envejecimiento activo como principio rector de las políticas públicas enmarcadas en el enfoque de derechos.

Desde la perspectiva de la Gerontología Crítica analizamos las dimensiones performativas del concepto *envejecimiento activo*. Este término fue propuesto por la Asamblea Mundial de Envejecimiento, realizada en Madrid en 2002, como eje de las acciones y estrategias aprobadas por los países participantes para el logro de la efectivización de los derechos de las personas mayores.

En este capítulo abordamos la noción de Envejecimiento Activo con la pretensión de mostrar que no es un término de naturaleza meramente política, sino que pese a las objeciones y resistencias que su uso genera, puede operativizarse y torsionar simbólicamente las prácticas educativas con adultos mayores.

Envejecimiento activo como dispositivo de saber/poder

La institucionalización de la noción de *Envejecimiento Activo* en el plano de las políticas públicas en los primeros años de este siglo, constituye un acontecimiento instituyente y un dispositivo enunciativo que ha permitido la reconfiguración del poder y el saber en torno a la vejez y el envejecimiento. Siguiendo la perspectiva teórica que nos ofrecen los aportes de Foucault, abordamos la noción de envejecimiento activo como un artificio político-cultural, sobre el cual se han estructurado numerosas agencias y organizaciones de atención a las personas mayores.

A partir de la noción teórica de dispositivo puede señalarse que en la segunda mitad del siglo XX, las naciones occidentales dieron a luz a la vejez como categoría socio-cultural. El crecimiento cuantitativo de las personas mayores a partir de la posguerra y las transformaciones cualitativas producidas por el efecto de las políticas impulsadas por el Estado de Bienestar (acceso a la jubilación, a la atención a la salud, al reconocimiento de derechos particulares para los mayores, a la educación permanente, etc.) produjeron la emergencia de un conjunto de saberes acerca de la vejez y del envejecimiento (organizados en la Gerontología como disciplina teórica y de intervención) y de una variedad de instituciones y organizaciones destinadas a atender los diferentes tipos de necesidades de las personas mayores (Barca, Oddone y Salvarezza, 2001).

En las últimas décadas se han inventado una gran cantidad de artefactos, artificios y dispositivos orientados a sujetar a las ingentes poblaciones de adultos mayores a la lógica dominante del orden social. Esa invención es del orden de los dispositivos instrumentales, de las representaciones y de los discursos sociales a través de los cuales se pretende disputar los significados y sentidos culturales atribuidos a la vejez y el envejecimiento en las sociedades de nuestro tiempo. En otras palabras, la vejez y sus dispositivos deben inscribirse en los procesos contemporáneos de institucionalización del Curso de la Vida y en las disputas de significación sobre sus sentidos individuales y colectivos en las sociedades (D`Epinnay et al, 2005).

No obstante, estos discursos, prácticas e instituciones vinculadas a los adultos mayores, debieron afrontar las tensiones y contradicciones provocadas por la permanencia de representaciones e imaginarios socio-culturales que, surgidas en el suelo epistémico de la visión medieval, consolidaron una visión de la vejez como una etapa de decrepitud, deterioro y decadencia física, psíquica y moral (Minois, 1987). Por su parte, la herencia de la Modernidad, contribuyó a la construcción de un imaginario de los adultos mayores como personas improductivas, aisladas y con escasas posibilidades de participar en el sistema de relaciones sociales y económicas promovidas por el capitalismo y la sociedad de consumo (Guillén, 1998; Alba, 1992).

Alan Walker (2006, 2010) señala que la noción de envejecimiento activo es la última de una serie de intentos que el discurso gerontológico ha realizado con el fin de proponer tipos ideales de vejez que contrarresten los prejuicios y actitudes viejistas. Para el autor, los diferentes modelos de envejecimiento que se han promovido en los últimos cincuenta años (envejecimiento exitoso, productivo, positivo, saludable y activo) no son teorías, sino tipos ideales. Al igual que otros teóricos críticos sostiene que se trata de nociones estelares que permiten la orientación de las políticas públicas, pero que poseen un componente prescriptivo en tanto que definen un perfil deseable en base al cual delinean las acciones en niveles más bajos. Para este autor, todos estos modelos de envejecimiento contienen una visión etnocéntrica, que se estructura sobre los valores y prioridades de las sociedades capitalistas occidentales. Estos generan cierta homogeneización del envejecimiento y de las personas mayores, con lo cual también producen un efecto de exclusión de aquellos que no se encuadran en el patrón del tipo ideal. No obstante, reconoce que todos estos modelos de envejecimiento proyectan perspectivas positivas sobre el envejecimiento, en contraste con los estereotipos negativos dominantes. En los últimos cincuenta años es posible reconocer múltiples intentos por generar representaciones contrahegemónicas de la vejez, adicionándole cualidades tales como saludable, exitosa o competente. No obstante, ninguna de estas denominaciones logró estabilizar el campo discursivo y constituirse en estructurador de un orden discursivo sobre la vejez y el envejecimiento.

En tal sentido, la adopción de la noción de envejecimiento activo por parte de la Segunda Asamblea Mundial del Envejecimiento, no sólo expresa su institucionalización en el orden discursivo del poder (representado por los Estados y las organizaciones de mayores) y del saber (representado por los científicos y académicos), sino que revela su consagración como una noción estructuradora de una nueva discursividad sobre el envejecimiento. Esta nueva discursividad reordena los modos socio-culturales de nombrar, decir, pensar y construir la vejez como proyecto social y como destino personal. La noción de envejecimiento activo opera entonces como un dispositivo lingüístico que nutre y articula múltiples y diversos discursos, tales como los de las políticas, la ciencia y los medios de comunicación, entre otros.

La emergencia e institucionalización de la noción de envejecimiento activo es consecuencia de dinámicas instituyentes, muchas veces contradictorias y conflictivas, que han operado y siguen haciéndose observables en las tensiones y torsiones de significación de la que es objeto. En otras palabras, la institucionalización del envejecimiento activo como proyecto utópico de vejez, no ha implicado el establecimiento de un canon unívoco. Su significación en el orden socio-político es motivo de disputa y en distintos discursos puede leerse la polifonía de sentidos que habita el término, en su articulación con otros discursos y prácticas sociales. En tal sentido, las críticas más fuertes que recibe el término son el de su ambigüedad, su carácter polisémico y su uso intercambiable con otros modelos de envejecimiento como vejez saludable o vejez exitosa; sus restricciones para aplicarlo a adultos mayores que presentan discapacidades funcionales o enfermedades crónicas; y su potencialidad de generar actitudes prejuiciadas hacia aquellos adultos mayores que no adecuen su estilo de vida al canon que propone el modelo de envejecimiento activo.

Explorando los alcances de la noción de Envejecimiento Activo

En esta sección expondremos -a partir de definiciones y conceptualizaciones de la noción de envejecimiento activo- diferentes intentos por delimitar y establecer sus alcances y significados.

Uno de los principales sentidos instituyentes que aporta la noción de envejecimiento activo ha sido promovido por la definición más conocida y difundida en los ámbitos políticos y académicos, propuesta por la Organización Mundial de la Salud (OMS, 2002). Este organismo supranacional define el envejecimiento activo como *el proceso de optimización de las oportunidades de salud, participación y seguridad con el fin de mejorar la calidad de vida a medida que las personas envejecen; permite a las personas realizar su potencial de bienestar físico, social y mental a lo largo de todo su curso vital y participar en la sociedad de acuerdo con sus necesidades, deseos y capacidades, mientras que les proporciona protección, seguridad y cuidados adecuados.*

Son varias las dimensiones de análisis que propone esta definición. En primer término predomina una visión optimista del desarrollo humano en las edades avanzadas de la vida, en tanto que el eje de su significado se apoya en las reiteradas referencias a la optimización y el despliegue de potencialidades. El discurso de la OMS revela la torsión simbólica de la que es objeto la noción de envejecimiento, que al agregársele el adjetivo activo, es transformada en un término utópico y con fuerte contenido instituyente en términos imaginarios, políticos y prácticos.

En la matriz discursiva de la noción de envejecimiento activo se pone en tensión la polisemia de significados implícitos en las definiciones del envejecimiento como una cualidad que poseen los seres humanos de ser transformados por y en el devenir del tiempo. La condición de activo que se adiciona al concepto de envejecimiento, aparece ocupando un espacio semántico de antagonismo y oposición con las connotaciones tradicionales que en la cultura occidental tuvieron las representaciones hegemónicas de la vejez que vinculan esta etapa del curso vital con la pasividad, la desvinculación y el retiro de la vida social (Kovadloff, 2001; Alba, 1992).

En disonancia con esa representación biologicista-regresiva del envejecimiento, la calificación de activo declama y declara una carta de intención acerca de la posición proactiva que tienen los sujetos sobre su acontecer temporal. Desde esta perspectiva, el tiempo ya no es una flecha que impacta de modo directo sobre un cuerpo vivo, sino que el atributo de vitalidad de ese cuerpo está en *saber* que posee la capacidad de poder hacer algo con ese tiempo que transcurre. En otras palabras, la conciencia del tiempo vivido y la anticipación del tiempo por vivir constituyen un marco de significación que orienta la acción humana vivida en tiempo presente. El inexorable transcurrir del tiempo lineal se relativiza en la heterogeneidad de entretiempos vitales, en donde la marca imborrable de la finitud es atravesada por la posibilidad de transmutar y trascender la perennidad del ser, mediante las promesas de la potencialidad del hacer y la trascendencia a través de diferentes formas de generatividad. Boudiny (2013) señala que la noción de envejecimiento activo es indisociable del enfoque del curso vital, al proponer que las trayectorias biográficas previas no determinan el modo de envejecer y que en la vejez es posible generar cambios e introducir aspectos de innovación y renovación personal que redefinen el curso de la vida.

De este modo, el orden discursivo contemporáneo estructura otras posibilidades de saber el envejecimiento. En tanto seres vivos, los humanos estamos sujetos a la linealidad y contingencia de los procesos biológicos, mientras que en tanto sujetos psíquicos, seres de conciencia y significación, estamos atravesados por temporalidades múltiples (la de la memoria individual, la de la memoria social, la de los tiempos socio-culturales) reversibles y reconfigurables desde la acción y el sentido.

Al porvenir del acontecer temporal se le restituye el carácter subjetivo, que es la cualidad inherente de la condición humana. Esta permite a las personas situarse en una posición de bien-estar, "estar bien", o malestar, "estar mal", según sea el trabajo que efectúen para situarse en una ubicación relativa y reflexiva respecto del saber acerca de lo finito de la vida, y del sostener la vitalidad de la posibilidad de seguir siendo (Urbano y Yuni, 2007). Este aspecto queda en evidencia en la definición cuando plantea que el envejecimiento activo no es un estado del sujeto, sino que es un proceso continuo en el cual el adulto mayor debe empoderarse de sus posibilidades de transformación de sí y de su entorno, para alcanzar niveles progresivos de optimización de sus capacidades. No se trata solo de una posición proactiva frente a sus procesos de cambio, sino de realizar una acción estratégica en tanto que la optimización supone una tarea intencional y calculada de extraer beneficios de las oportunidades que se le presentan. Para Boudiny (2013) uno de los supuestos clave del envejecimiento activo es que la vejez es un proceso inevitable, pero que posee una naturaleza maleable cuya capacidad de transformación se apoya en la capacidad de agencia de los adultos mayores y en la disponibilidad de recursos comunales para tramitar y efectivizar esa metamorfosis.

La noción de envejecimiento activo también pone en tensión las representaciones culturales hegemónicas, que enfatizan el carácter individual del envejecimiento. La herencia cristiana medieval contribuyó fuertemente en la construcción de una representación social de la vejez, como resultante de las acciones personales. De esta manera, los modos de envejecer serían el resultado de la moral individual, que ofrecería un destino positivo cuando la persona tuvo una vida virtuosa o, por el contrario, un destino de fatalidad cuando las opciones vitales estuviesen signadas por el pecado y los excesos (Ariés, 1986; Ariés y Duby, 1990). Por el contrario, la noción de envejecimiento activo, imprime un sentido comunal.

Desde esta posición el envejecimiento no tendría la naturaleza universal pretendida por la visión biologicista, ni tampoco el carácter individual de la visión moral-religiosa, sino que deviene un fenómeno de naturaleza socio-cultural (Erikson, 2000; Bronfrenbrenner, 1987). Son los sistemas de representación que ofrece cada cultura; en estrecha relación con los roles que cada sociedad le otorga a quienes transitan determinadas edades, los que ofrecen recursos cognitivos y emocionales para que las personas puedan interpretar los cambios físicos, sociales y psíquicos y desplegar acciones orientadas a sostener su vitalidad (Urbano y Yuni, 2005).

De este modo, los recursos personales que poseen las personas mayores para situarse en una posición relativa de mayor o menor bienestar bio-psico-social-ético espiritual, guardan una estrecha relación con las oportunidades sociales que se le ofrecen comunalmente para poder acceder a condiciones de vida que trasunten los beneficios de la protección, la seguridad y los cuidados sociales, declarados como derechos humanos universales. En esa lógica, las instituciones sociales pasan a tener un rol fundamental, en tanto se configuran como la instancia material que articula lo imaginario, los discursos, los recursos y las acciones que nutren los procesos individuales y colectivos de significación de la vejez.

La noción de envejecimiento activo se institucionaliza en el orden social, a través de las distintas redes de relaciones entre personas mayores, grupos sociales e instituciones, como un nuevo ideal social que configura un metadiscurso que atraviesa los intercambios e interacciones de los mayores, los dispositivos socio-culturales y las políticas públicas; promoviendo grados de realidad que se alejan o acercan al ideal de deseabilidad normativa contenido en la visión optimista de la noción.

El núcleo instituyente del concepto envejecimiento activo estaría contenido en la intención de optimizar los recursos personales de los sujetos mayores en relación a las oportunidades sociales que *deben* instrumentar los distintos dispositivos socio-culturales destinados a la población envejeciente. Esta optimización debe hacerse de modo selectivo teniendo en cuenta las necesidades, deseos y capacidades de los sujetos mayores particulares y de la cohorte etaria a la que pertenecen (Baltes, 2005); según las condiciones ecológicas en que se contextualiza el fenómeno de las *vejeces* y en el escenario geo-político singular en las que éste se despliega (D`Epinnay et al, 2005). Por ello, el término activo supone un conjunto de acciones co-participativas entre sujetos mayores, grupos sociales, dispositivos culturales y regulaciones políticas que en su implicación continua y recursiva afectan áreas vinculadas a lo social, lo económico, lo espiritual, lo cultural y el ejercicio de los deberes y derechos cívicos.

Las acciones de los dispositivos deben estar orientadas a la promoción de la mejora de la calidad de vida de los mayores y al despliegue de sentimientos de autocontrol sobre los acontecimientos vitales, para que los sujetos puedan enfrentarlos, afrontarlos y resolverlos. En estas finalidades que justifican su invención, los dispositivos exponen la ideología que los sostiene y la ética que los inspira.

El enfoque del envejecimiento activo está basado en el reconocimiento de los derechos humanos de las personas mayores y los principios de las Naciones Unidas de independencia, participación, dignidad, cuidado y autorrealización. La noción de envejecimiento activo tiene implicancias ideológicas, históricas, políticas, socio-culturales y económicas en lo concerniente a aspectos intrínsecos del colectivo de adultos mayores. Este reconocimiento de derechos y oportunidades genera conflictos entre los sujetos envejecientes y los miembros de otras cohortes etarias (Grinberg y Grinberg, 1993; Urbano, 2005). Esas disputas serían la expresión de nuevos conflictos vinculados a la lógica distributiva y a problemas de equidad intergeneracional generados por las restricciones para el acceso a los recursos sociales y culturales.

La significación que prescribe el término hace hincapié en la promoción de acciones destinadas a optimizar los recursos personales de los adultos mayores, los que serían subsidiarios de la generación de oportunidades sociales capaces de sostener el acontecer temporal en condiciones de vida que posibiliten la autonomía, la participación social, la inclusión e integración de los sujetos en sus comunidades de pertenencia. En definitiva, el envejecimiento activo promueve la adhesión a un modelo de envejecimiento en donde la posición de los mayores sea proactiva en la adquisición de aprendizaje psicosociales, necesarios para incorporar los cambios y exigencias que plantean las condiciones contemporáneas de existencia.

Walker (2012) sostiene que el Envejecimiento activo tiene el potencial para prevenir algunos de los efectos negativos del envejecimiento tanto a nivel individual, como organizacional y social. Aunque para ello debe ser comprensivo (es decir considerar las diferentes edades, actividades y políticas) e inclusivo (en el sentido de dar lugar tanto a las visiones descendentes que prescriben un deber ser ideal para la vejez, como a las que surgen de los significados y prácticas que los mismos adultos mayores ponen en acción como agentes de su propio desarrollo)

La mayor parte de los autores del campo de la Gerontología Social concuerdan en que el envejecimiento activo es multidimensional (vincula empleo, salud y bienestar); integra estrategias ascendentes (de abajo hacia arriba) y descendentes (de arriba hacia abajo) en el diseño de políticas y la definición de los criterios organizacionales; prioriza el curso de la vida, incluye un amplio rango de recursos de las políticas públicas y promueve el empoderamiento como estrategia de autodeterminación.

Walker (2012) afirma que el envejecimiento activo debería ser una estrategia comprehensiva para maximizar la participación y el bienestar de las personas mayores. La misma puede operar simultáneamente en el nivel del individuo (definiendo el estilo de vida), organizacional (delineando orientaciones y estilos de gestión) y social (orientada a la consecución del lazo social a través de las políticas) en todas las etapas del curso de la vida.

El discurso del envejecimiento activo estimula la participación de los adultos mayores en la sociedad. Para ello reemplaza la mirada sobre los déficits por el énfasis sobre su competencia y conocimiento (Jacobs, 2004). Otros autores conciben del envejecimiento activo como un concepto que se refiere a la participación continua de los adultos mayores en varios ámbitos de la vida. Algunos autores focalizan su conceptualización en actividades económicas y socialmente productivas (McKenna, 2008), mientras que otros agregan las actividades recreativas. Houben, Audenaert y Mortelmans (2004) consideran actividades promotoras del envejecimiento activo a aquellas que requieren esfuerzos físicos y/o mentales y que ocurren mayormente fuera del ámbito doméstico (actividades sociales).

En el contexto de la Unión Europea, Avramov y Maskova (2003) definen el envejecimiento activo como una combinación diseñada social e individualmente de participación en el mercado de trabajo, contribución activa en las tareas domésticas (incluyendo el cuidado de otros), participación activa en la vida de la comunidad y actividades recreativas activas (tales como hobbies, deportes, viajes y actividades creativas o de aprendizaje). Para la Comisión Europea las prácticas vinculadas al envejecimiento activo incluyen: participar en actividades de aprendizaje y educación; jubilarse del empleo gradualmente y a mayor edad; mantenerse activo después de la jubilación; e involucrarse en actividades que incrementen las capacidades y la salud.

Mayhew (2005: 455) define el envejecimiento activo como "el conjunto multidimensional de oportunidades que le permiten a las personas mayores permanecer independientes y lograr su potencial más allá de la edad". Por su parte, Rowe & Kahn (1997) afirman que el envejecimiento activo supone algo más que trascender el potencial en algún dominio del desarrollo personal, sino que es una posición subjetiva y social que requiere el compromiso activo con la vida. En definitiva, el foco central de la noción de envejecimiento activo es el involucramiento del sujeto con un estilo de vida activo.

En síntesis, la noción de envejecimiento activo opera como un dispositivo enunciativo que según el contexto socio-político en que se lo emplee, conlleva en sí un sistema de valores, creencias, mitos, prejuicios, prácticas y discursos que ponen en diálogo los temas y problemas de la vejez con la salud, la educabilidad, la plasticidad para la adaptación, la calidad de vida, el ocio creativo, el desarrollo personal, la participación y la inclusión social. Es una noción que opera como un artefacto metadiscursivo que es empleado por los distintos dispositivos culturales destinados a la población envejeciente para generar prácticas sociales instituyentes que se orientan a contrarrestar los efectos negativos atribuidos al paso del tiempo.

La agenda de la Educación de Adultos Mayores desde la perspectiva del Envejecimiento Activo

En un reciente artículo Boudiny (2013) apunta que el concepto de envejecimiento activo ha sido menospreciado por considerárselo un término político, vacío en su significado y débil para orientar estrategias efectivas. La autora revisa los diferentes enfoques desarrollados en el campo gerontológico para intentar operativizar el concepto o indagar empíricamente las bondades del modelo de vejez que lleva implícito. Finalmente, ella sostiene la necesidad de traducir o adaptar el modelo a los contextos y a la diversidad de vejeces, para utilizarlo como un analizador que permita diseñar estrategias y acciones que favorezcan la adopción de un estilo de vida activo.

En esta sección, pretendemos trazar algunas líneas de vinculación entre envejecimiento activo, aprendizaje y educación de las personas mayores. Un aspecto llamativo del discurso gerontológico es la invisibilización de los procesos de aprendizaje como medio y como condición para que se produzca la optimización de oportunidades. Más aún, las líneas generales que propone la OMS para el diseño de políticas para potenciar el envejecimiento activo requieren del despliegue de procesos de aprendizaje y la efectivización de prácticas educativas diferenciadas con los adultos mayores.

El primer lineamiento que propone la OMS es el aumentar de la protección de la salud a través de hábitos saludables que reduzcan los factores de riesgo asociados a enfermedades incapacitantes. Son numerosos los estudios que muestran que el cambio de hábitos en la vejez requiere de un complejo proceso de desaprendizaje de hábitos estructuradores de la forma de vida en las edades previas. La adquisición de información sobre los factores de riesgo físico, psíquico y vincular, la adquisición de destrezas y habilidades o la modificación de los sistemas de creencias respecto del cuidado y el autocuidado, pueden verse favorecidas por la acción sistemática de los dispositivos socio-educativos.

El segundo lineamiento que propone la OMS es la promoción de factores de protección de las funciones cognitivas. Existe numerosa evidencia científica de que la estimulación y el entrenamiento de las funciones intelectuales es un poderoso factor de protección frente al riesgo del deterioro cognitivo. Si bien la capacidad de autorregulación hace que cada adulto mayor ejercite en niveles, complejidades e intensidades diferentes sus funciones a través del autoaprendizaje y de la realización de ciertas actividades de la vida diaria, la creciente cantidad de adultos mayores que participan de talleres, cursos, seminarios sobre los más variados temas, muestra que la interacción con otros pares generacionales y la grupalidad que propician los espacios educativos, ofrecen un plus que estimula su afiliación a actividades que sostienen su ilusión de continuar aprendiendo.

El tercer lineamiento planteando remite a la promoción de la inteligencia emocional y el afrontamiento positivo ante las pérdidas psicoafectivas. En este sentido, entendemos los dispositivos socio-educativos como espacios transicionales en el que la trama vincular que se establece en los grupos, habilita la circulación de recursos de afrontamiento y la puesta en práctica de habilidades y capacidades por medio de las cuales los adultos mayores aprenden a optimizar selectivamente sus recursos físicos, psíquicos, sociales y espirituales con el fin de compensar los desbalances que generan las pérdidas. El entre-aprendizaje y el co-aprendizaje que circula en los grupos de aprendizaje de los que participan los adultos mayores configuran un laboratorio de revisión de las pautas de funcionamiento y favorecen la integración afectiva, emocional y práctica. Mediante el trabajo psico-social del aprendizaje en dispositivos socio-culturales, los adultos mayores pueden alcanzar niveles de integración yoica más consistentes, lo que propicia la integración del sentir, el pensar, el decir y el hacer.

El último lineamiento que propone la OMS es la promoción de la participación psicosocial y el trabajo de las redes sociales. Los dispositivos socio-educativos son artefactos culturales que materializan ciertos ideales sociales que se ofertan como modelos de identificación subjetiva. Una de las características de la educación no formal es su naturaleza grupal. Afiliarse a cualquier actividad recreativa, educativa o de ocio implica integrarse en un nuevo sistema relacional, habitado por nuevos pares que aportan algo novedoso a la red vincular. Por su parte, la integración en espacios en los que los adultos mayores puedan poner en juego su productividad y su generatividad, les permite conservar un sentido de contribución a la vida social, reafirmando su necesidad de sentirse necesitados.

El aprendizaje como dispositivo de transformación personal potenciado por la operatoria de los dispositivos educativos, debería orientarse a la promoción de la mejora de la autopercepción de la calidad de vida en la vejez. Ello implica aprender a percibir los cambios como oportunidades; desarrollar actitudes proactivas para asimilar e incorporar los cambios; sostener y apuntalar los motivos y la motivación, para realizar nuevos aprendizajes tendientes a renovar las condiciones de elaboración de un proyecto de vida renovado.

Conclusiones

A partir de los desafíos interpretativos que convoca la perspectiva foucaultiana, en este capítulo hemos realizado un análisis crítico de la noción de envejecimiento activo, considerándola como un dispositivo enunciativo que sostiene y estructura los imaginarios, discursos y prácticas de diferentes agencias socio-culturales inventadas en las últimas décadas para la atención de las personas mayores. Hemos sostenido que la noción de envejecimiento activo puede ser analizada como un artificio, una invención socio-cultural que permite estabilizar un orden representacional contradictorio y paradojal. A partir del acontecimiento discursivo que supone su institucionalización, hemos señalado sus efectos performativos en el orden del saber y del poder. Asimismo, hemos resaltado su carácter productivo y generativo de diversos artefactos socio-culturales a través de los que se materializan sus intenciones, se visibilizan los discursos y modos de hacer explícitos y se encubren los alcances ideológicos que dan sentido a su accionar. En esa línea, los dispositivos inventados en las últimas décadas para la atención de las personas mayores, serían la expresión de los intentos de resignificación de la vejez y el envejecimiento, en la dinámica de los procesos socio-políticos contemporáneos.

La comprensión sobre los alcances transubjetivos, intersubjetivos e intrasubjetivos producidos por la materialización de diferentes dispositivos socio-culturales, orientados a alcanzar los propósitos definidos por la OMS, se constituye en la condición necesaria para develar los sentidos de los dispositivos inventados para los adultos mayores y comprender su eficacia simbólica. En el interior de los dispositivos culturales de/para adultos mayores se materializan procesos de socialización que adquieren características singulares de acuerdo al tipo de agencia socio-cultural de que se trate. En su funcionamiento estas performan los discursos y prácticas de los sujetos, proyectando un repertorio de modelos de identificación e imágenes deseables sobre el envejecimiento, los que a su vez imponen demandas de subjetivación y establecen normas regulatorias que definen modos de ser, decir y devenir como adulto mayor a nivel individual y como parte de un colectivo etario.

Estos procesos hacen dialogar la elaboración de modalidades de ser/estar como sujeto mayor (individuales y subjetivas), las que se retroalimentan en prácticas sociales y discursos que revelan modos de ser/estar como adulto mayor en vínculos intersubjetivos y que se producen en el interior de los grupos sociales que se forman en los dispositivos culturales inventados para la población envejeciente. Estos intercambios comunales producen efectos transubjetivos que construyen una subjetividad colectiva en relación a las miradas, imaginarios, representaciones, exigencias e ideales que provienen del campo social, que es el portavoz y portador de la intencionalidad de instaurar un modo de ser/estar envejeciendo de modo activo.

A través de la participación en distintas actividades propuestas por los dispositivos culturales destinados a la población envejeciente, los Adultos Mayores reciben una oferta de transmisión cultural en donde se persigue como metadiscurso la promoción del envejecimiento activo. Las prácticas sociales que se dan en el interior de los distintos dispositivos culturales de/para la población de Adultos Mayores podrían caracterizarse por su carácter formativo como prácticas de intervención psico-socio-educativas pues ellas operan como representantes de maneras de pensar, sentir y hacer respecto a las posibilidades de la vejez, su educabilidad, la salud, la calidad de vida y la creación de un espacio de referencia destinado a contenerla.

En definitiva, la noción de envejecimiento activo como dispositivo de enunciación se convierte en un artificio necesario para apuntalar los procesos psicosociales que permitan a las personas envejecientes sostener su bienestar integral, fortalecer los puntales de los procesos de complejización psíquica, posibilitándoles reelaborar una identidad de/como adulto mayor, que los ubique como agentes productores de cultura y no sólo como meros reproductores y consumidores.

Capítulo 3

**PERSPECTIVAS SOBRE EL APRENDIZAJE
EN LA VEJEZ**

Introducción

En este breve capítulo presentamos suscintamente las perspectivas dominantes en el campo académico para el estudio del aprendizaje en la vejez. La perspectiva decremental y la del Curso de la vida, son caracterizadas a través de sus supuestos y hallazgos más relevantes. Si bien cada posición es irreductible a la otra, ambas realizan aportes que amplían nuestra comprensión de los procesos cognitivos y del papel que tiene el aprendizaje en ellos. Finalmente, se recuperan los aportes de dos autores que nos brindan un marco referencial útil para fundamentar la exploración de los significados que los adultos mayores y ancianos le otorgan al aprendizaje en este momento de su vida.

El enfoque decremental y el aprendizaje en la vejez

Desde hace algunas décadas la Psicología del Envejecimiento y la Gerontología comenzaron a interesarse por los procesos intelectuales vinculados con las capacidades de aprendizaje (Schroots, 1995; Baltes, 2005). Una revisión de las teorías elaboradas en estas décadas permite observar que las primeras investigaciones partieron de un modelo decremental de base biologicista según el cual en la vejez se produciría una declinación y deterioro generalizado de las funciones intelectuales superiores. En ese período -aún las perspectivas basadas en los aportes de la teoría piagetana- defendieron una hipótesis involutiva y regresiva según la cual con el avance de la edad se produciría un deterioro en las capacidades cognitivas; ello conduciría a las personas mayores hacia un inevitable retorno a los estadios tempranos de su desarrollo intelectual. La evidencia empírica que sostuvo este modelo conceptual se obtuvo de investigaciones comparativas del rendimiento intelectual entre personas jóvenes y ancianas e investigaciones experimentales orientadas a la determinación y cuantificación del deterioro de las diferentes capacidades cognitivas.

A lo largo de estas décadas este modelo aportó una considerable cantidad de hallazgos empíricos que pusieron en evidencia que el proceso de envejecimiento normal afecta la velocidad de procesamiento y que en casi todas las áreas del aprendizaje se produce un decremento (Freund, 2007). Estos mismos estudios mostraron que no es posible determinar un proceso universal y necesario de decremento y enlentecimiento cognitivo en el envejecimiento. Los estudios longitudinales muestran ampliamente que la magnitud del decremento y las áreas que se ven afectadas son ampliamente variables entre la población de mayor edad.

Desde esta perspectiva podría afirmarse como regla general que en el proceso de envejecimiento se produce un enlentecimiento de todas aquellas capacidades (no sólo las intelectuales) directamente vinculadas con los procesos bio-fisiológicos regulados por el Sistema Nervioso Central. No obstante, el ritmo y la magnitud de las pérdidas de velocidad de procesamiento no son generalizables ya que se observa una gran variabilidad, no sólo interindividual sino intraindividual, en el mismo proceso de seguir envejeciendo durante la vejez. Cabe señalar que estos estudios al focalizarse en el rendimiento de las capacidades y funciones intelectuales y su interés por demostrar el deterioro de las mismas, ha tenido escasa consideración de los procesos internos del sujeto, sus características de personalidad, así como el papel que juega el entorno ecológico del mayor (Baltes, 2003). Otro aporte de este enfoque del estudio del envejecimiento cognitivo ha sido demostrar empíricamente que el deterioro de las capacidades intelectuales no es producto del proceso normal de envejecimiento, sino de patologías y de modalidades de envejecimiento patológico que inciden en las bases psicobiológicas y psicodinámicas del proceso de aprendizaje.

Muchos de los estudios longitudinales que se han ocupado del envejecimiento cognitivo mantuvieron la perspectiva general del modelo, pero fueron prestando mayor atención a los fenómenos que configuran la "caja negra" de los procesos de aprendizaje. En una reciente revisión sobre el aprendizaje en la vejez Freund y Baltes (2007) reseñan los siguientes aportes como bien establecidos por la investigación psicogerontológica basada en esta perspectiva:

- El proceso de aprendizaje de las personas mayores difiere del de los jóvenes. Esta diferencia se explica por los cambios propios del envejecimiento normal que afecta la velocidad de procesamiento.

- Las personas mayores muestran cierta desventaja relativa en relación a los adultos jóvenes en lo que respecta a la velocidad de procesamiento. Vinculado a este cambio se ha encontrado que la complejidad de la tarea afecta el rendimiento, especialmente cuando esta debe realizarse en un tiempo limitado.

- La investigación indica que las diferencias relacionadas con la edad se encuentran en aquellos procesos que requieren mucho esfuerzo, que demandan un monto sustancial de auto-regulación en las tareas de procesamiento y que cuentan con un soporte ambiental mínimo.

- En el envejecimiento normal se produce un enlentecimiento de las funciones intelectuales, lo que modifica el ritmo de aprendizaje y requiere un mayor uso por parte del sujeto de otros recursos cognitivos que le permitan compensar la merma en la memoria de trabajo y en los procesos atencionales.

- El enlentecimiento de las funciones cognitivas no equivale a una declinación o menos aún a procesos de deterioro. El proceso de envejecimiento normal incide sobre la performance intelectual en determinado tipo de tareas y pruebas, pero no afecta la competencia cognitiva.

El Aprendizaje desde la perspectiva del Curso Vital

La convergencia del Enfoque del Ciclo Vital con las teorías del aprendizaje inspiradas en el constructivismo y en el cognitivismo social produjo un giro en el modo de indagar los procesos intelectuales en la vejez. Los aportes seminales de Erik Erikson (1971) sirvieron como soporte de la llamada Teoría del Ciclo Vital; aporte conceptual reconocido en la estructuración posterior del enfoque del Curso de la Vida.

De fuerte inspiración psicoanalítica, pero con un enfoque heterodoxo Erikson elaboró una teoría epigenética del desarrollo humano que resalta el carácter recursivo de los procesos psicológicos y el ejercicio de roles sociales asociados a las diferentes edades de la vida. En las últimas dos décadas el Enfoque del Ciclo Vital ha sido cuestionado en algunos de sus supuestos. Simultáneamente, el campo de la psicología del desarrollo fue revisado a la luz de los nuevos paradigmas científicos, especialmente de la teoría del caos y la Teoría General de Sistemas, que permitieron reconceptualizar la noción misma de desarrollo (Yuni, 2011).

En el campo gerontológico se consolidó una nueva generación de teorías de naturaleza multidisciplinar y con un abordaje del envejecimiento desde el enfoque de la complejidad. En ese marco se configuró como modelo conceptual la Teoría del Curso de la Vida a partir de la cual se produjeron nuevos avances en la comprensión del aprendizaje y el desarrollo cognitivo en las edades avanzadas de la vida, (Lalive d´Epinay 2005; Gastrón y Oddone, 2008).

El Enfoque del Curso de la Vida se configuró como

un paradigma dominante en la investigación gerontológica y fundamentó una corriente de investigación interesada por los cambios cualitativos en el funcionamiento intelectual. De acuerdo a ella, el proceso de envejecimiento cognitivo normal se caracteriza por una serie de transformaciones intelectuales de tipo cualitativas. Esas transformaciones denotan la presencia de habilidades y estilos de pensamiento y de resolución de problemas que poseen notables diferencias con las habilidades propias del pensamiento formal. Los estudios sobre los estilos de pensamiento posformal, relativista y dialéctico se inspiraron en esta corriente al igual que las actuales investigaciones sobre la sabiduría y la reminiscencia.

La originalidad de esta perspectiva en relación al abordaje de los procesos intelectuales y el aprendizaje, es que afirma la íntima relación que estos guardan con los procesos identitarios. En el trabajo adaptativo que supone preservar el sentido de integridad, mismidad y unicidad de su Yo, afectado por el atravesamiento del tiempo y por las transformaciones que ello le produce, el adulto mayor apela a procesos de auto-regulación y de afrontamiento que se caracterizan por el intento de integración de los procesos intelectuales con los procesos afectivos.

A diferencia del modelo anterior que ponía el acento en la pérdida y deterioro de las capacidades cognitivas como consecuencia de procesos subyacentes de orden biológico, esta corriente enfatiza el carácter auto-regulado del desarrollo psicológico y resalta el papel modulador que tienen las características de personalidad de los sujetos, las posiciones subjetivas frente a los procesos de cambio y el grado de integración psicoafectiva. De hecho, la afirmación de que el desarrollo psicológico es un proceso que acontece en todas las edades de la vida ha abierto una nueva comprensión sobre el papel que tienen el aprendizaje y los procesos intelectuales durante la vejez y ha permitido una revisión de las creencias científicas sobre el envejecimiento cognitivo.

Luego de poco más de dos décadas de estudios basados en esta perspectiva, los principales hallazgos de investigación permiten establecer las siguientes conclusiones:

- En el envejecimiento normal se observan transformaciones cualitativas en el funcionamiento intelectual, lo que permite postular que en las edades avanzadas de la vida se produce cierto desarrollo cognitivo. Este es comprendido como un proceso en el cual algunas formas de integración intelectual se disuelven mientras que se construyen nuevas formas de integración, particularmente en torno a la adaptación a necesidades de resolución de situaciones del diario vivir.

- El desarrollo cognitivo se caracteriza por el interjuego entre ganancias y pérdidas (de capacidades, funciones, habilidades, etc.). El balance entre pérdidas y ganancias es gestionado por el propio sujeto a través del despliegue de mecanismos de compensación por medio de los cuales optimiza selectivamente aquellos recursos y capacidades que conservan cierto potencial y/o que son altamente significativos como anclaje identitario.

- Las diferencias en el funcionamiento intelectual de las personas mayores se explican por cambios en las competencias cognitivas y emocionales, lo que deriva en performances intelectuales ampliamente variables. Al respecto esta corriente ha mostrado que no todos los adultos mayores presentan una declinación de sus capacidades intelectuales. A su vez, ha establecido que bajo ciertas condiciones el funcionamiento intelectual muestra significativas mejoras y que -en una proporción importante de personas mayores- se observa la emergencia de habilidades intelectuales y estilos de pensamiento cualitativamente diferentes a los de la vida adulta.

- Los cambios en el funcionamiento intelectual no sólo son el producto de transformaciones neurofisiológicas, sino también de fuertes procesos internos de auto-regulación. De éstos últimos se deriva un reposicionamiento subjetivo y una comprensión personal renovada de su visión de sí mismo, del contexto ecológico que enmarca su despliegue vital, así como también del mundo más amplio, que impone imaginarios, mandatos e ideales para cada edad de la vida.

- El funcionamiento intelectual en la vejez está ligado a distintas dimensiones de la pragmática de la vida. Diferentes estudios muestran que las capacidades cognitivas son una herramienta para la auto-regulación del proceso de desarrollo de los adultos mayores. El funcionamiento intelectual es también un indicador que le permite a las personas mayores sostener sus creencias de autoeficacia y su sentido de control. En relación con los procesos identitarios, los procesos cognitivos constituyen un poderoso recurso para sostener su identidad existencial (Erikson, 2000) a la vez que son el medio para la elaboración de lo vivido y la proyección de lo porvenir.

Desde los supuestos del Paradigma del Curso de la vida abordaremos a continuación la revisión de las concepciones tradicionales de aprendizaje y su valor en relación al envejecimiento.

Revisitando el concepto de aprendizaje en la vejez

La concepción clásica ha definido el aprendizaje como un proceso por el cual ocurren cambios duraderos en los sujetos. La especificidad del mismo es su carácter procesual y que los cambios que acontecen tengan cierta estabilidad a través del tiempo (lo que permite su diferenciación de otros cambios). El aprendizaje es el proceso mismo, independientemente de si el material o la habilidad a ser adquiridos son nuevos o familiares para el sujeto. La perspectiva cognitiva considera el aprendizaje como un conjunto de procesos de adquisición de información y destrezas a través de la práctica o de la experiencia. En cambio, las perspectivas basadas en la psicología del desarrollo, entienden el aprendizaje como una forma de adaptación continua que se produce durante todo el curso vital.

En una definición que integra elementos teóricos provenientes del constructivismo y del cognitivismo Serra (1996: 457) define el aprendizaje en la adultez y la vejez como el proceso por el que "el individuo partiendo de lo que conoce (preconcepto) y gracias a la mediación (interacción y andamiaje) reorganiza sus conocimientos (esquemas cognitivos) con nuevas dimensiones y estructuras que es capaz de transferir a otras realidades (funcionalidad cognitiva) describiendo los procesos y principios explicativos que afectan a tales realidades (significatividad lógica) y mejorando su capacidad de organización comprensiva (aprender a aprender) en relación a otras experiencias de aprendizaje (significatividad psicológica)".

Desde una perspectiva socio-psicológica Jarvis (2001:183) considera que el aprendizaje es "algo de la vida, un fenómeno existencial". Para él, "el aprendizaje es un complejo entramado de procesos que cada persona aborda en todas las edades de su vida. El aprendizaje es el proceso por el cual los seres humanos crean y transforman experiencias en conocimiento, habilidades, actitudes, creencias, valores, sentidos y emociones". En su enfoque se destaca la idea de que aprender no es "aprender algo", sino que es un modo de construir y transformar las propias experiencias de la vida diaria. De ese modo, el aprendizaje no se reduce a la adquisición y reorganización de cuerpos de conocimientos o a la complejización de esquemas cognitivos, sino que es un proceso que transforma la biografía de los sujetos. La noción de experiencia es clave en tanto es la cantera de la que se nutren las posibilidades de transformación personal.

La experiencia es "eso que pasa", lo que "nos pasa a los seres humanos" (Larrosa, 2006). La experiencia no es aquella situación que se vive, no son las situaciones que las personas atraviesan (sea en relación a los otros o a experiencias de aprendizaje formal) sino que es el saldo que se obtiene en el recorrido realizado en el pasaje. Es el reconocimiento de la huella que esa situación está dejando en la forma de percibir, situarse y valorar los fenómenos que conforman la existencia. Obtener un saldo, reconocer la huella que queda inscripta en la biografía y otorgar un sentido a la situación vivida implica que el sujeto se apropie de su propia reflexividad y de sus capacidades de auto-regulación y de auto-organización.

Desde esta perspectiva, aprender es el proceso por el cual los seres humanos transforman su experiencia en otros materiales a través de los cuales pueden reelaborar sus concepciones del mundo, resignificar su identidad personal y elaborar nuevas narraciones de sí mismos. El aprendizaje es la acción que despliega el sujeto a través del curso de la vida con la finalidad de comprender, gestionar y dar sentido a los cambios que el tiempo impone a la existencia (lo que remite a la cuestión de la identidad personal); al tiempo de la vida humana (el pasaje por las edades de la vida a través del curso vital); y a las capacidades de las personas para conservar su autonomía y autodeterminación (lo que involucra el poder personal, las habilidades, las capacidades de afrontamiento, entre las más relevantes).

De este modo, el aprendizaje humano como capacidad-para vivir-en-el-mundo es un proceso recursivo entre la experiencia personal, diferentes tipos de conocimiento (de contenidos académicos y sistematizados, procesuales, de la vida cotidiana y creencias, valores, actitudes, emociones y sentidos extraídos del magma compartido de los imaginarios sociales) y situaciones que estimulan e interpelan el despliegue subjetivo. El proceso de aprendizaje se integra en la acción de aprender, que consiste en "tener experiencias" utilizando diferentes caminos (hacer, practicar, ser enseñado) y extraer significado de las mismas, sea por un proceso reflexivo o por uno de comprensión (y comprehensión) de lo aprendido tácitamente.

Capítulo 4

EL APRENDIZAJE VISTO POR LAS PERSONAS MAYORES

Introducción

En este capítulo se abordan las significaciones que las personas mayores le otorgan al aprendizaje como un medio y un recurso para sostener su trabajo de re-significación identitaria y sus procesos de adaptación a los cambios internos y del contexto socio-cultural enmarcados en las coordenadas de la vejez y la contemporaneidad[1].

1 Los datos que se presentan son el resultado de la aplicación de una encuesta a nivel nacional en la que se le preguntó a sujetos mayores de 50 años sobre el significado actual que le otorgan al aprendizaje. La pregunta de la encuesta proponía la comparación con el significado que el mismo sujeto otorgaba al aprendizaje en otros momentos de su vida y a explicitar cuáles eran los cambios. De ese modo, el estímulo de la pregunta coloca al sujeto frente al reconocimiento de la singularidad del aprendizaje en este momento del curso vital y lo interpela a dar cuenta del significado que éste adquiere en el presente. El análisis cualitativo de las respuestas ha permitido el reconocimiento de ciertos patrones o recurrencias en los modos que los mayores tienen de otorgar significación a la acción de aprender en esta etapa de su vida, reconociendo así cierta diversidad que permite inferir el potencial que le asignan al acto/acción de aprender en sus procesos de humanización, de complejización psíquica y de sujeción a un orden cultural que les permite re-novar y re-significar su identidad. En la bibliografía suele

El aprender como acción compleja y comprensiva que despliegan los adultos mayores pone en evidencia diferentes posicionamientos subjetivos que éstos tienen frente al envejecer y los procesos de cambio que de él devienen. También devela las estrategias, los modos de afrontamiento y los baluartes narcisistas en los que se apoya el Yo para poder sostener cierto sentido de identidad, integridad y unicidad en las edades avanzadas de la vida.

Significados del acto de aprender

Los tipos de significado sobre el aprendizaje en la vejez se han construido en base a las respuestas abiertas de tipo cualitativo dadas por adultos mayores que fueron interrogados acerca del significado del aprendizaje en este momento de su vida. La pregunta que se les formuló a los encuestados requirió a los respondentes posicionarse en el segmento del curso de la vida que atraviesan, para enunciar desde allí el significado que le otorgan al acto de aprender.

Cada tipo de significado contiene e integra una representación sobre la acción de aprender, su significación en el proceso de desarrollo contextualizado en el estadio de la vejez; un modo de relación con el conocimiento como medio de transformación interna y externa; una disposición para la realización de diferentes formas de aprender, una determinada actitud para afrontar los cambios y utilizar las capacidades intelectuales. En definitiva, esta tipología permite sostener que los adultos mayores poseen una fuerte auto-regulación de sus procesos de desarrollo psíquico y, en ese marco, el acto de aprender deviene en una acción estratégica y diversificada que les

---

distinguirse entre vejez temprana (60-74 años) y vejez propiamente dicha (75 años y más). No obstante, el principal criterio para separar e identificar ambos grupos dentro de cada categoría, estuvo dado por las diferencias que evidenciaban los discursos de las personas encuestadas cuando se consideraba la edad cronológica.

A los fines del análisis se consideraron las respuestas de los adultos mayores comprendidos entre los 60 a 75 años y otro grupo de mayores de 75 años. La cantidad total de casos analizados fue de 882 adultos mayores (excluyendo a los menores de 60 años), representantes de 16 instituciones de educación no formal, correspondientes a todas las regiones geográficas del país.

permite sostener su integridad e identidad personal y social (Freund y Baltes, 2007) frente a los avatares de la vejez.

El siguiente esquema sintetiza los tipos de significados que hemos reconstruido a partir de los discursos de los adultos mayores.

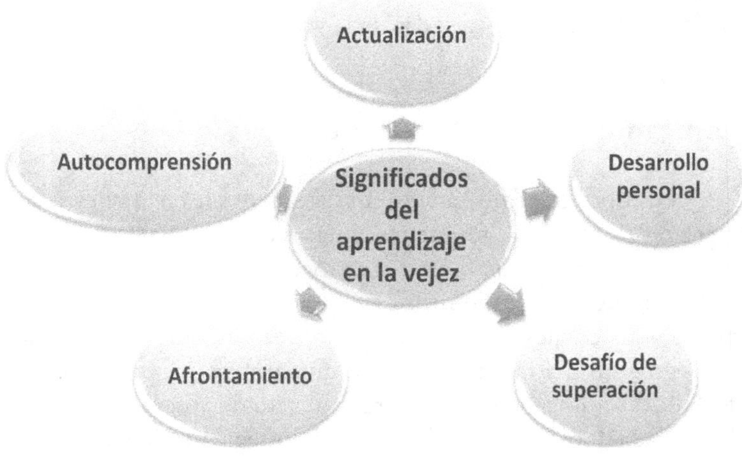

Aprender como proceso de actualización

Una importante cantidad de adultos mayores considera que el aprendizaje en este momento de su vida es un proceso de actualización. La idea de actualización adquiere significación desde diversos posicionamientos. Los discursos de los sujetos que incluimos en esta categoría poseen algunos marcadores que es necesario subrayar.

En primer lugar, se observa que la noción de actualización se plantea como una adquisición vinculada a la continuidad en un intento de no interrumpir el ritmo vital y conectar/se con ciertos patrones de la vida adulta y a la vez lograr "aggiornarse". La actualización como aggiornamento a través de la adquisición de conocimientos es significada como un modo de afrontar la obsolescencia social producida por los cambios socio-culturales.

Aprender es, para estos sujetos, incorporar conocimientos externos que le ayuden a sostener la continuidad con un orden de pertenencia y a conservar el "contacto" con el mundo, especialmente con la realidad cultural, política y social. En esta categoría los sujetos manifiestan el interés por continuar desarrollándose conforme a los avances que se producen en la realidad socio-cultural del momento histórico que les toca vivir. Esto puede apreciarse en discursos como:

> *...Aggiornar los anteriores logros para aplicarlos con fines prácticos... Renovarse continuamente en todos los niveles...*
>
> *No interrumpir, si es posible, el ritmo de actividades intelectuales que mantuve en mi vida...*
>
> *Aprender significa mucho porque actualizo mis conocimientos...*
>
> *Adquirir conocimientos para mi persona ... Es superar conocimientos... Ampliar la cultura general... Seguir avanzando y actualizarme. ... Estar actualizada...*
>
> *Significa ampliar los conocimientos. Mantenerme informada. Estar actualizada ante la tecnología e informática. Intercambio de ideas. Compartir otros proyectos acordes a esta etapa...*
>
> *Crecer y actualizarme... Acrecentar conocimientos e interactuar con mis compañeros...*
>
> *Seguir actualizándome y por propia satisfacción... no perder la continuidad del ritmo que he llevado durante mi juventud y madurez; mantener mi mente activa; compartir con personas de mi edad intereses comunes...*
>
> *Mantener una vida actualizada, pertenecer al medio, no marginarme... Aprender es importante para seguir creciendo y mantenerme informada y no dejar de relacionarme con gente más joven y en especial: hijos y nietos... Aprender es tomar contacto con la realidad cultural, política y social...*
>
> *En este momento de mi vida significa un cable a tierra, luego de observar por qué camino transita la*

sociedad, no sólo de mi país...
Estar ocupado y actualizar nuestro aprendizaje...
Estar más actualizada en la evolución tecnológica,
relacionarme con personas de la misma edad e
inquietudes similares, elevar mi autoestima...

Prevalece en este grupo de mayores la idea de "novedad" como un modo de re-actualización de los esquemas de conocimiento y como posibilidad de expansión personal frente a los cambios externos. Lo novedoso es atravesado por la idea de continuidad, expansión y despliegue no sólo de las estructuras intelecto-cognitivas sino del desarrollo personal integral. Aprender para actualizarse proporciona cierto bienestar y satisfacción vital y amplía las percepciones de valía respecto a la inclusión dentro del movimiento del acontecer existencial. Esto se evidencia en discursos de sujetos mayores tales como:

Siempre es bueno aprender algo nuevo...... Poder
integrarme al mundo actual, obtener conocimientos
nuevos...Incursionar en temas nuevos y que resultan
sumamente placenteros...
El aprendizaje significa igual que siempre: aprender
nuevas cosas, elaborar intelectualmente...
Actualizarme en cosas nuevas Adquirir nuevos
conocimientos y permitirme la inserción en la sociedad
actual...

Otro grupo de AM relaciona el aprendizaje ligado a la actualización ubicando el acontecer temporal de las posibilidades y alcances de los procesos de asimilación e incorporación de conocimientos. La temporalidad atribuida a los procesos de aprendizaje se encuentra al servicio de sostener la apertura del progreso de actualizar-se y lo inacabado del acto de aprendizaje en el acontecer vital. Esto puede apreciarse en discursos como:

...El aprendizaje tiene el mismo significado que
tuvo siempre, se aprende hasta el último minuto de
existencia.
Debe ser permanente... Otra instancia superadora...
El saber no ocupa lugar...Significa algo
extraordinario, ya que no tiene límites, es lo que

todos nos proponemos en la vida…
Que nunca es tarde para aprender y compartir buenos
momentos con profesores y compañeros…

Estos adultos mayores reconocen en la actualización una alternativa para mantener su "juventud" intelectual frente a las amenazas que asocian al envejecimiento. Se advierte en sus respuestas la idea de progreso intelectual como modo de seguir experimentando cierto crecimiento. La percepción de progreso intelectual se apoya en el supuesto de que se puede "desenvolver" algo que se supone que está "envuelto" y que permite actuar con mayor "soltura" e independencia. Actualizarse permite activar la vitalidad que pareciera estuviera sostenida en la posibilidad de mantener "joven" las estructuras intelecto-cognitivas. En estos discursos es posible inferir las tensiones subjetivas que producen los procesos de despliegue y de repliegue producidos por la progresión del acontecer temporal. Frente a ellos, aprender implica sostener los esfuerzos por mantener activadas las sensaciones de vitalidad, que le permiten gestionar sentimientos de autocontrol y eficacia frente al envejecer. Esto puede observarse en los siguientes discursos:

…Significa activar mi memoria, adquirir nuevos
conocimientos que me permitan desenvolverme con
más soltura en el medio social.
Levanta mi autoestima… Mantiene mis ganas
de sentirme joven intelectualmente… Para mí este
aprendizaje es mantenerme activa y vital…
Significa mantenerme viva, activa… Sentirme viva,
tener más conocimientos… Estar en actividad.
Conocer nuevos temas, nuevos idiomas para
manejarme con la mayor independencia…
Desarrollar la actividad intelectual… Es algo muy
importante para desenvolverme mejor…

Por otra parte, el aprendizaje como actualización es visualizado como un modo de ocupación del tiempo a partir de un ocio creativo que conecta a los adultos mayores con el placer y el gusto que les produce saborear el saber que les proporciona el conocimiento. En los discursos se puede inferir la idea de continuidad temporal a través del "pasaje" y el transitar el tiempo con pasos que conducen hacia el conocimiento de los avances que se producen en el mundo. En este pasar el tiempo aprendiendo se recupera y valoriza el encuentro con otros pares con quienes se comparte la experiencia de intercambio. Esto se expresa en la voz de los mayores a través de los siguientes discursos:

> *...Adquirir los conocimientos que me gustan... Placer...*
>
> *Algo que siempre hice, hago y haré mientras tenga vida y ganas: ¡aprender!... Un pasatiempo instructivo...*
>
> *Es importante porque siempre aprendemos algo que aún no estamos informados.*
>
> *Es hermoso tener esta oportunidad para no quedarse en el tiempo, viendo todos los avances que día a día tenemos: la globalización, internet, etc., al menos tener idea de lo que en el mundo pasa...*
>
> *El aprendizaje en este momento es para mí varias cosas: esparcimiento social, salidas, etc.... Me hace sentir bien, puedo intercambiar opiniones sobre los temas que tratamos y actualizarme...*

Dentro de este grupo de AM, encontramos algunos que significan el aprendizaje y la actualización como una posibilidad para completar aquello que había quedado postergado por cuestiones personales. En la idea de retomar algo postergado puede apreciarse la reactualización de un anhelo pendiente que conecta con el deseo de la realización de un proyecto. Aquí el proyecto remite a una temporalidad pasada que sirve de anclaje para lanzar hacia el futuro la realización de una tarea orientada hacia la consecución de un ideal. Esto se evidencia en los siguientes discursos:

> *Realizar lo que antes no podía en un ambiente cordial...*
>
> *Volver a retomar aquello que en un momento se dio como concluido y comprender que la vida es un permanente aprendizaje...*
>
> *Poder realizar proyectos deseados anteriormente que fueron postergados por falta de tiempo...*

Poder realizar mi propio proyecto y estudiar algo de lo que no pude en mi juventud...

Otro sentido que los mayores dan a la actualización es la de su auto-reconocimiento como sujetos potentes, con potencialidades que pueden pasar al acto y, es ese pasaje, lo que hace posible confirmar que aún "siguen en carrera". Actualizarse significa la posibilidad de "confirmar" que aun se pueden movilizar los motivos y despertar los intereses, lo que puede leerse como un modo solapado de enunciar la posibilidad de que "algo" del movimiento vital es plausible de adormecerse o que antes de emprender el aprendizaje de actualización se encontraba adormecido. El infinitivo "despertar" contiene la idea de cambio de estado, de inicio de una temporalidad que se renueva en sus ciclos. Poner en movimiento aquello adormecido supone contrarrestar el fantasma de quietud, de inmovilismo, de quedarse atascado en el proceso de desarrollo y de habitar la vejez como un tiempo sin posibilidades de despliegue. De ese modo se reconoce el aprendizaje como movilizador del movimiento de la propia voluntad de continuidad para sí y para ofertarse a otros de un modo que satisfaga la necesidad de sentirse necesario y útil.

...Soy y seré siempre maestra, es el leit motiv de mi existencia, por eso no me detengo mientras mi cuerpo y lucidez mental lo permitan...
El aprendizaje me significa seguir desarrollándome como persona y agregar conocimiento...
Significa no sentirse aislada y además ser útil...
Es la continuación...Crecer y mantenerse activa...
Uno nunca termina de aprender, los conocimientos te movilizan, despiertan intereses, actualizan, te llevan al ritmo de los tiempos; principalmente en estos años que la evolución es rapidísima...

Cabe señalar que los sujetos que significan el aprendizaje como actualización sostienen una noción de tiempo social y tiempo personal de carácter progresivo y acumulativo. El imaginario de progreso personal se sostiene en una concepción de tiempo entendido como continuidad y el desarrollo personal como acumulación experiencial.

El qué del aprendizaje es relacionado con el conocimiento (fuertemente asociado a contenidos disciplinares) y está investido de cualidades movilizadoras. Son los conocimientos los que "despiertan", "movilizan", "llevan/conducen", permiten "mantener vivo el interés" y "seguir en carrera". El conocimiento es percibido como un objeto externo del cual pueden apropiarse para obtener cierto dinamismo existencial y "expandir los esquemas para descubrir el propio valor personal". Esto es expresado a través de enunciados como:

> *Aprender es una permanente ejercitación de la mente. La voluntad de estar actualizada y poder transmitir mejores conocimientos a mis alumnos; además de sentir que la edad no importa cuando se desea aprender algo nuevo...*
>
> *Significa descubrir nuevos caminos, refrescar conceptos anteriores, adaptarme a los nuevos desafíos; sobre todo los tecnológicos... Es algo maravilloso, una apertura nueva a un mundo cambiante (no estático)...*
>
> *Capacitarme para ayudarme a mí misma y a los demás... Estar actualizada para poder ayudar, guiar a mis nietos...*

Estos AM asocian el aprendizaje con una necesidad que se satisface mediante la incorporación de conocimientos que retroalimentan lo gratificante de sentir que lo que se asimila "agranda" lo necesario del deseo de aprender. La necesidad se constituye en la cualidad básica de todo ser humano para reconocer aquello que le falta y cuyo satisfactor se encuentra en una fuente externa a sí mismo. El sujeto se sostiene vivo mediante la satisfacción de la necesidad a través de diferentes objetos que operan como satisfactores. Se puede apreciar en estos sujetos que el aprendizaje y la necesidad de actualización sostienen vivo el interés por evolucionar. Una característica de la necesidad radica en que al ser satisfecha deja de interpelar al sujeto para buscar los objetos de su satisfacción; pero su especificidad radica en que esto ocurre sólo por un tiempo en que vuelve a manifestarse. La necesidad es recurrente y aquellas que están ligadas a la satisfacción que es gratificante son las que acrecientan su demanda y ponen en movimiento el deseo de continuar reconociendo lo que falta, a fin de ir en su búsqueda. Esto se manifiesta en los enunciados de los siguientes discursos:

...Aprender es una necesidad, un orgullo...Algo inherente al hombre...

Significa agrandar mis conocimientos, sentirme viva y útil...me gratifica el poder estudiar... Sentirnos activos, vivos... Es algo muy gratificante...

Todo necesito aprender, desde lo más simple a lo más complejo. Seguir mis posibilidades me produce gozo...

Mantenerme activa, sentirme bien. Significa superación, responsabilidad, necesidad...

El aprendizaje se siente como la necesidad de manifestarse y mejorar con ello la calidad de vida...

Significa mantener vivo el interés para evolucionar y poder estar actualizada en el cambio que surge del adelanto tecnológico que ocurre día a día.

Enriquecimientos y conocimientos en los avances de la tecnología, que provocan necesidades de manejarla y emplearla...

Ampliar la esfera de intereses y mantenerme ocupada y actualizada...

Ampliar conocimientos, estar en condiciones de conversar sobre distintos temas...

Significa un intercambio de conocimientos y de experiencias vividas que brindan un placer intelectual y satisfacciones sociales...

Los AM que le otorgan al aprendizaje la posibilidad de actualizarse le atribuyen una condición movilizadora del acontecer temporal que los descentra del pasado y les permite elaborar un ideal que se encuentra orientado hacia el futuro. Esto puede apreciarse en los siguientes discursos:

Significa no quedarme atascada en el pasado...

No quedarme en el tiempo. Poder hablar de igual a igual con los jóvenes... Saber que no se necesita estar estancado en lo que ya conocemos y podemos seguir enriqueciéndonos...

A partir de los diversos posicionamientos del conjunto de los adultos mayores que transitan la vejez temprana y significan el acto de aprender como una tarea de actualización, se puede apreciar que esta tarea es vivenciada como una actividad que posee un carácter pragmático ya que permite la incorporación de conocimientos necesarios para re-novar la mirada que tienen acerca de la vida, la temporalidad, las propias capacidades y el entendimiento de los cambios socio-culturales.

El pragmatismo de la actualización permite a estos sujetos mayores contrarrestar la obsolescencia social y remover los sedimentos cristalizados de aprendizajes aprehendidos a través de matrices culturales pretéritas. El aprendizaje es el proceso que les permite la integración a un orden simbólico de pertenencia, desde una posición habilitada para gestionar sus propios cambios vitales y para establecer relaciones de intercambio con otros sujetos de cohortes generacionales diversas (hijos, nietos).

La posibilidad que otorga el aprendizaje como acto de actualización es la de mantener la vigencia y la adecuación de los esquemas de conocimientos necesarios para reforzar los sentimientos de confianza, seguridad, autocontrol y eficacia en la resolución de situaciones que plantea la cotidianeidad de la existencia. La actividad de actualización mantiene a los sujetos activos en la proactividad de su potencia y moviliza la vitalidad de los motivos e intereses necesarios para gestionar nuevos modos de ser/estar en el mundo.

La reactualización de los esquemas de conocimiento renueva las matrices de percepción de sí y del entorno socio-cultural de los adultos mayores. Estas matrices se enriquecen, amplían y reestructuran a partir de la incorporación de nuevos conocimientos que permiten encontrar nuevos puntos de apoyo para mirar la realidad cultural, política y social. La actualización promueve el progreso intelectual que amplía las propias perspectivas del proyecto vital y le permite a los mayores salir del lugar estanco de lo adquirido en el pasado.

La percepción de continuidad del desarrollo reafirma la creencia en las potencialidades de seguir siendo/creciendo. El contacto con lo novedoso del conocimiento genera en estos mayores una sensación de placer, ya que el "aggiornar-se" conlleva el pasaje desde un tiempo que inmoviliza/estanca la vitalidad del existir, hacia otro tiempo instructivo que en un hacer intelectual canaliza la creatividad y expande los límites del seguir siendo.

Aprender como actualización en la vejez avanzada

Los discursos de los mayores de 75 años que otorgan al aprendizaje la significación de actualización se refieren al aprender como término en infinitivo, resaltando el acto en sí mismo desprovisto del contenido. El acto de aprender se asocia a la posibilidad de conjugar lo temporal que se manifiesta mediante adverbios tales como "nunca", "jamás", "siempre", "tarde", que hacen referencia a la atemporalidad del acto en sí mismo.

Aprender es una acción personal que garantiza la posibilidad de continuidad y de ser en sí mismo, no importa el tiempo, el espacio y la posición vital que se ocupe. La condición para ese aprender es sólo estar vivo. El acto de aprender es una instancia performativa que constituye a quien ejerce la acción de aprender, manteniendo activo lo novedoso del ser en condiciones de estar siendo. Esto puede apreciarse en discursos como:

Aprender algo nunca está de más…

Nunca se termina de aprender…

Siempre se puede aprender algo, mucho más de lo que aprendimos…

Hay un viejo proverbio que dice que "El saber no ocupa lugar" por eso es que no importa mi edad, porque veo que mis profesores hacen el esfuerzo y nosotros debemos aprender porque "nunca es tarde" y deseo conocer todo lo posible… Que nunca es tarde para aprender en cualquier etapa de la vida…

Algo muy importante para sentir que siempre, a pesar de la edad, podemos seguir aprendiendo algo nuevo y mantenernos activas. Por más años que se viva siempre hay algo para aprender…

Las mujeres que transitan la vejez avanzada y significan el aprendizaje como actualización, asocian la acción de aprender con las posibilidades para apuntalar y desplegar el componente socio-afectivo, más que el intelectual. El aprendizaje se constituye para ellas en un instrumento que les permite acrecentar su sensación de competencia y los sentimientos de autocontrol respecto de una realidad que cambia muy de prisa. Aprender significa desplegar componentes socioafectivos que les otorga la posibilidad concreta de inclusión, participación y vinculación con otros pares que sostienen los mismos intereses.

En estos casos se evidencia una necesidad de sostener el reconocimiento de la propia vitalidad, para continuar emprendiendo acciones que las inquieten/movilicen en sus posiciones obsolescentes. Estas posiciones se asocian con el hecho de estar invisibilizadas, "guardadas", ocultas a la vista de los otros, lo que es connotado como una situación de desuso por su condición de viejas. En los discursos hay una equiparación tácita de lo viejo como algo no vital, desechable e invisibilizado a los ojos de otros. En ese marco, el aprendizaje se constituye en un instrumento para probar las propias competencias y para demostrar a otros que aun se está vivo. Esto puede apreciarse en los siguientes discursos:

> *Sentir que soy importante, que puedo aprender, participar, compartir, ver que no estoy guardada como cosa vieja; sino que participo de actividades que antes estaban reservadas a los jóvenes...*
>
> *Avanzar con los demás, todo parece ir muy de prisa, es necesario seguir preparándose para el futuro y no dejar de aprender cosas. Es vital el aprendizaje para que en nuestro alrededor nos consideren que estamos "vivos"...*
>
> *Es una de las cosas más importantes para no sentirnos "viejos"...*

Asimismo este grupo de adultos mayores, considera que la actualización que conlleva el aprendizaje, les permite insertarse en los procesos sociales más amplios, con una mirada que enfoca la realidad desde un saber que entiende y comprende los cambios culturales que se producen en el entorno próximo y en el contexto global.

Estos procesos de inclusión guardan relación con la posibilidad de reactualización producida por la comprensión de la dinámica del contexto en el que se vive. Mediante la información que se adquiere en las situaciones de aprendizaje, los adultos mayores sostienen su expectativa de cambiar la posición subjetiva para enriquecerse personalmente, a la vez que se emplea como el vehículo que permite no ser erradicado de los entornos próximos. Desde sus discursos, pareciera que la acción de actualizar-se convoca la mirada y la atención del contexto familiar, quien reivindica los esfuerzos realizados por el adulto mayor y le restituye su valor simbólico. En definitiva, el aprendizaje se constituye en la posibilidad para seguir radicado en el acontecer de lo social. Esto se pone de manifiesto en discursos como:

Estar actualizado con el medio donde se vive. Aprender cosas nuevas, sin perder la capacidad de asombro, para insertarme en la sociedad y sobre todo en mi familia. De esa forma están pendientes de mis inquietudes y lejos de erradicarme, admiran mis esfuerzos...

Es importante mantenerme actualizada para compartir, para mayor integración al entorno, y también mi reposicionamiento subjetivo...

Mantenerme informada y poder entender los temas y problemas que ocurren a mi alrededor, en el país y en el mundo entero

... Es importante para estar actualizada, saber qué pasa en el mundo... Significa adquirir conocimientos para comprender el mundo en que vivimos y para desarrollar la creatividad...

No sentirme aislada en mi vida social y con los míos. Significa estar conectada con lo que me rodea y sentirme vital a pesar de los años...

Para estos mayores el aprendizaje se constituye en una herramienta que permite acrecentar, ampliar y profundizar conocimientos acerca de contenidos ya adquiridos e incorporar otros nuevos. El proceso de actualización se asocia a las posibilidades para no estancarse, continuar creciendo e incentivado la capacidad de asombro y, por sobre todo, continuar la vida desde una perspectiva que permita palpar el movimiento interno a través de una actividad externa. En ese movimiento interno se pone en juego la acción de aprender, se hace uso de las capacidades intelectuales y se intenta activar las otras competencias. Estos mayores no intentan poner a prueba las competencias en sí mismas, sino la posibilidad de continuidad en la temporalidad de los procesos de autoformación, como un modo de obtener placer en la actividad y de acrecentar la sensación de autorrealización.

Para estos mayores el estar incluidos en un espacio de aprendizaje representa la satisfacción de una necesidad que en este ciclo de la vida se puede compensar. Se parte de un deseo, un anhelo y una sensación de insatisfacción que remite a la (im) posibilidad de acceso al aprendizaje como proceso de formación. El acento está puesto tácitamente en la posibilidad de acceder al dispositivo educativo y otorgarse un espacio para sí a través del cual se sostiene la sensación de estar activo, vital, actualizado y que promueve sensaciones de bienestar físico y mental. En la actividad de aprendizaje se ponen a disposición un deseo postergado de posibilitarse el acceso a procesos educativos. La motivación interna permite ir en busca de la educación como un objeto externo. Se valora los afectos socio-vinculares que de-vienen de la participación en actividades educativas, las que permiten elaborar metas personales en las que se exprese lo aprehendido y se proyecte hacia los demás. Pareciera que lo que se desea movilizar son competencias vinculares como la posibilidad de tolerancia, las habilidades para integrarse en la convivencia con otros y el establecer lazos. Esto puede evidenciarse en los siguientes discursos:

> *Una etapa que me hace recuperar deseos y anhelos insatisfechos…Simplemente "aprender", dar espacio en mí a la tolerancia e integración…*
>
> *Para mantenerme vital y estar actualizada. Satisfacción de volver a las aulas, estar actualizada en los avances científicos y técnicos, disfrutar del trabajo en grupo y la convivencia con personas de intereses similares, establecer lazos de amistad. Me ayuda a sentirme mejor física y mentalmente…*

Adquirir conocimientos que me dan placer, me hacen proyectar lo que aprendo a los demás y movilizar mi memoria y mi expresión... Mantenerme activo y actualizado. Realizar actividades deseadas e imposibles de hacer estando en actividad...

El grupo de encuestados mayores de 75 años, que otorgan al aprendizaje la significación de actualización, se adhieren a la actividad educativa otorgando mayor importancia a la acción de aprehender, que al contenido de lo que aprenden. Mediante la acción de aprendizaje estas mayores quedan aprehendidas por los dispositivos de la cultura, es decir sujetadas a los movimientos y ritmos, a la vez que son instrumentadas en las competencias que requieren los procesos socioculturales actuales. El aprendizaje además de permitirles continuar insertas en sus contextos de pertenencia, las saca de posiciones obsolescentes otorgándoles una nueva oportunidad para radicarse en la vida comunitaria. El acto de aprender es valorizado en sus componentes sociovinculares que permite modificar posiciones subjetivas-subjetivantes y visibiliza a este colectivo en sus esfuerzos por re-actualizar-se. La visibilidad está puesta en la mirada de otros significativos que ocupan parte de la escena familiar.

El aprendizaje se constituye en un instrumento que mediatiza el carácter constitutivo-re-constituyente del proceso de autoformación que hace de nexo para actualizar las condiciones del ser/estar dentro de procesos de institucionalidad. Estas mujeres mayores manifiestan la necesidad de continuar estando en el proyecto social desde una posición que las visibilice e incluya. Lo que denota la condición de viejo es la percepción de inutilidad, que equivale a no ser visto o lo que es peor, equivale a una sensación de muerte social que es encubierta con la obsolescencia. Aprender es una respuesta a la necesidad de adquirir un protagonismo social, como una forma de sentir-se importantes desde sí para "otros" próximos y para interactuar de modo efectivo en contextos socio-culturales cambiantes.

Comparando significados de la actualización

En el caso de los encuestados de 60-75 años la actualización adquiere connotaciones instrumentales. El aprendizaje se constituye en el instrumento mediante el que se adquieren, incorporan y reactualizan informaciones y conocimientos sobre temáticas que hacen a la vida cotidiana. Se da mucha importancia a los contenidos que se adquieren a través de procesos de aprendizaje, pues son ellos los que garantizan la vigencia, pertinencia y adecuación de los sujetos en el contexto de intercambios e interacciones sociales. El carácter instrumental del aprendizaje permite contrarrestar la obsolescencia social y promueve la facilitación de procesos de integración socio-vincular. La acción de aprender se apoya en una posición subjetiva en la que los adultos mayores se habilitan mediante la incorporación de contenidos novedosos orientados a aplazar la caducidad de los modos de ser/estar en el mundo. La participación en actividades de aprendizaje les permite poner al día y renovar sus esquemas de autopercepción, manteniendo activas las competencias y capacidades para efectuar acciones adecuadas en pos de la gestión de los cambios.

Los procesos de actualización que genera el acto de aprender, le permiten hacer frente al estancamiento intrasubjetivo que inmoviliza y obstaculiza el intercambio con otros e impide establecer modos de vinculación eficaces consigo mismo, con los otros y con la cultura en de-venir.

Por su parte, los mayores de 75 y más años emprenden acciones de aprendizaje que ponen el énfasis en procesos de autoformación orientados a actualizar existencialmente la posición subjetiva. No les importa tanto el contenido de aquello que se incorpora a través del aprendizaje sino la acción en sí de poner en movimiento aquello que amenaza con inmovilizarse. Para los integrantes de este subgrupo, los procesos de integración social son percibidos como hostiles y excluyentes. Sus discursos sostienen la creencia de que la sociedad los deja fuera de su dinámica, por lo cual la decisión de incluirse en espacios de aprendizaje adquiere un sentido de visibilización. El acto de aprender es metaforizado como una acción para no quedar guardados y seguir siendo considerados vivos. A través de sus componentes socio-vinculares, el aprendizaje en este momento del curso vital permite que los otros del entorno próximo miren a los adultos mayores, los reconozcan y admiren sus esfuerzos por continuar poniéndose al día con los movimientos e intereses que propone e impone la cultura. El aprendizaje como actualización adquiere un carácter reconstituyente de los procesos intrasubjetivos a la vez que fortalece la integración a un orden social de pertenencia. Estos discursos ponen en evidencia una marcada necesidad de las personas que transitan la vejez avanzada de continuar insertas dentro de un proyecto social que reconozca la utilidad de su vitalidad, en el acontecer de los intercambios intergeneracionales.

En las personas de más de 75 años la noción de actualización adquiere un giro de tipo existencial en el que la principal *inquietud* es "no quedar guardados". Mientras que en la vejez temprana el énfasis se pone en la actualización como una forma de mantenerse activo y de ese modo habilitarse para ocupar cierto lugar social, en las personas de más edad la actualización es una forma de superación en relación consigo mismas y en relación con la sociedad que es percibida como más excluyente. También en el grupo de los de mayor edad la actualización está al servicio de procesos de detección y reparación de fallas y/o baches experimentados en el curso de la vida (lo que pone en evidencia el despliegue de procesos de revisión y evaluación personal más acentuados) que buscan ser subsanados mediante actividades educativas.

Aprender como proceso de desarrollo personal

Alrededor de una tercera parte de los encuestados manifestó una concepción de aprendizaje que hemos denominado de "desarrollo personal". El desarrollo personal remite a una categoría que pone en juego la potencialidad del ser para hacer-se a sí mismo, mediante la intención voluntaria y voluntariosa de ir "más allá" de las fronteras de aquello que aparece como la realidad. En ese sentido, el desarrollo personal evidencia una necesidad de trascender las limitaciones y ampliar las perspectivas que definen el horizonte de lo vital.

Aprender es una acción que emprenden estos sujetos como un acto integral que une la necesidad de expansión y despliegue con el placer, tener tiempo para sí mismo, ocuparse en actividades placenteras que contribuyen al despliegue de intereses y el mantenimiento de las capacidades intelectuales y relacionales. La clave que tensiona el significado de aprendizaje como proceso de desarrollo personal es la noción de enriquecimiento. Aprender es una experiencia que les permite a los adultos mayores vivenciar cierto grado de plenitud y con esa sensación de despliegue y desarrollo, compensar la percepción de enlentecimiento de ciertas capacidades. Dice una encuestada:

Aprender significa un rayo de sol que penetra en una habitación en penumbras. El aprendizaje en este momento es alentador, se valora mucho, uno lo quiere apresar, estrujarlo, meterlo dentro de uno y que no se vaya, que muera con nosotros.

En este discurso se puede apreciar el acto de aprendizaje como aquella instancia externa que irrumpe sobre la superficie de una estructura interna, la atraviesa e ilumina aquello que aparece en penumbras. Aquello en penumbras remite a aquello que existe pero que no puede apreciarse, sino a partir de la acción de encender una lumbre que permita vislumbrarlo. El aprendizaje en este momento del curso vital es asociado a un elemento vital, energético y energizante: "un rayo de sol" que alienta y vivifica, da fuerzas e impulso, permitiendo valorar aquello que se encuentra en el sí mismo. Así, despierta en el sujeto mayor el deseo de posesión, de extraer lo que genera para sí y no dejarlo salir. La metáfora tiene connotaciones eróticas en el sentido más amplio del término "eros": energía amorosa que se encuentra al servicio de lo vital y generativo.

Desde esta posición subjetiva, el aprendizaje aparece como una instancia que permite modificar estructuras internas. Se resalta la cualidad reestructurante y refundante del acto de aprehender, a partir del cual "algo" de lo construido es "tomado" y reorganizado en la funcionalidad de sus formas. Esta funcionalidad permite atenuar los efectos de las transformaciones producidas por/en la temporalidad. Esto puede observarse en el discurso de una mujer que expresa: *"Aprender es modificar los espacios de adentro, a fin de atenuar el curso del tiempo".* La acción del aprendizaje no solo posee una connotación de modificabilidad, sino también de restauración en tanto permite restablecer a un atributo la cualidad o estado que antes tenía respecto de su utilidad y estimación. En este caso se trata de las potencialidades del autodesarrollo y la recuperación de autopercepción de valía de las capacidades, sensaciones/sentimientos de placer frente al hacer y la renovación de las perspectivas existenciales en torno a la temporalidad. Esto puede inferirse en los siguientes discursos:

> *...Aprender significa una restauración que me permite seleccionar los sentimientos que considero importantes...*
> *Es un resurgir a la vida. Sentirme vital, más joven y lúcida. Aunque a veces me cueste memorizar algunas cosas...*

Para estos adultos mayores la acción de aprender se apoya en un cambio de posicionamiento subjetivo y en una nueva perspectiva acerca de las cosas y de sí mismo. Es decir, pareciera que alcanzaran una nueva perspectiva existencial en la cual pueden conectarse con su deseo y reconocer las huellas y desafíos que imponen los cambios internos y externos. El proceso de aprendizaje se sostiene en una suerte de reacomodamiento subjetivo que permite revisar lo vivido, construir una nueva narrativa identitaria de sí y para sí.

Al respecto una encuestada expresa respecto del aprendizaje que éste:

> *"Nos hace poner en actividad toda nuestra vida pasada que es la base de nuestra vida actual y enriquecernos espiritualmente".*

Otra mujer sostiene que aprender

> *"Significa no al estancamiento. La inquietud de nuevas búsquedas para que la vejez se convierta en nuevos caminos por los que todavía puedo transitar".*

En estos discursos se reconoce en el aprendizaje la cualidad de poner en movimiento algo que parece se encontraba detenido, asentado o estancado, para movilizarlo hacia delante, revalidando puntos de apoyos en el presente e impregnando de nuevas visiones aquello porvenir. En esta acción movilizante del aprendizaje subyace la idea de "conversión" entendida como transformación, como un modo de modificar, restaurar, restablecer o renovar los proyectos en la potencialidad de lo temporal.

Al respecto otra encuestada expresa que *"aprender moviliza intelectualmente mi yo, genera en mí interés, confrontarme con otros, intercambiar ideas, crecimiento".* En este enunciado se rescata la condición socializadora del aprendizaje, que pone en contacto con aspectos del sí mismo a la vez que permite comunicarse con otros y apreciar las ideas/perspectivas de otros puntos de vista. Este proceso permite ampliar los significados y sentidos de lo elaborado individualmente y ubicarlo en el contexto de un intercambio colectivo.

En estos mayores se advierte que el objeto del aprendizaje no se orienta tanto a la adquisición de contenidos (de los que tiene cierta independencia) sino a la reconstrucción de la experiencia personal. Esta experiencia permite exteriorizar algo del acontecer interno, revisarlo y ubicarlo en el proceso de historicidad a partir de un nuevo significado y sentido.

En los discursos de los adultos mayores que interpretan el aprendizaje como una acción de/para su desarrollo personal, se advierte la referencia a un espacio interno vinculado a la temporalidad, mientras que la noción de cambio aparece unida en forma explícita o metaforizada a la idea de muerte. En tal sentido, el aprendizaje les permitiría a estas personas mayores re-ubicar la angustia que les provoca la conciencia de la posibilidad de la muerte, que aparece como la (im)posibilidad de toda posibilidad y que adquiere relevancia en el ciclo de la vejez. Cabe señalar, la que la muerte no está significada únicamente en su dimensión biológica, sino también de las posibilidades psico-sociales y espirituales de ser en el trabajo de seguir siendo/haciéndose. Por ello el aprendizaje se constituye en una experiencia revitalizadora e ilusionante que permite realizar el trabajo psíquico de compensación y balance entre pérdidas y ganancias. Esto puede evidenciarse en discursos como:

> *...Aprender en este momento de mi vida es una hermosa experiencia, muriendo (viviendo) y aprendiendo...*

> *...El placer por aprender, por interés en el conocer y
> no en el contenido de lo que se conoce, sin pensar en
> exámenes ni certificados (fui docente y los cursos que
> hacía tenían que ser con el puntaje). Además si bien
> no tengo la mente despierta como en la juventud, el
> estar descansada me permite concentrarme y disfrutar
> de las clases...*

En la significación del aprendizaje como desarrollo personal éste aparece como una experiencia que interesa (en el sentido de movilizar el interés); que genera el movimiento de la necesidad para despertar la demanda de "algo más" y que pone en juego el movimiento del deseo por descubrir algo que está cubierto. En los discursos se observan las tensiones entre el placer por descubrir y el trabajo de la voluntad por salir de un estado de aletargamiento. Esto puede apreciarse en el discurso siguiente:

> *...Es una experiencia muy interesante, enriquecedora,
> vivencio sensaciones nuevas, descubro posibilidades
> diferentes, mantengo mi mente ocupada, además me
> obliga a esforzarme, a "sacudir" la pereza. Me gratifica...*

Los sujetos mayores que asignan al aprendizaje una significación de desarrollo personal reconocen en éste el potencial educativo del intercambio social. El encuentro con los pares y con el entorno personal próximo es el espacio escénico en el que se traduce y se traslada el enriquecimiento y se propicia la descentración como situación precipitadora de nuevas rupturas y desafíos respecto de lo ya conocido. El aprendizaje es percibido como el medio para volver a una posición de derecho sobre el uso y los destinos de las facultades para ser/estar consigo mismo y entre otros. El aprendizaje es una acción que realizan los adultos mayores sobre sus propias condiciones de existencia, que los re-mueve de un lugar estanco de imposibilidad y les permite reconocer oportunidades para encontrar nuevos modos de ser/estar en la vida. Acercarse a los otros y recibir el reconocimiento respetuoso por su voluntad de auto-transformarse reafirma su sensación de utilidad y apuntala la autopercepción de las propias competencias, reasegurando el sentimiento de valía personal y la potencialidad del propio poder seguir haciéndose. Afirma una encuestada:

> *...Aprender es el medio que me permite seguir sintiéndome viva, útil, que mi horizonte puede seguir ampliándose, que no soy un ser relegado, sino que puedo seguir haciendo uso de mis facultades. Me da la posibilidad de acercarme a los integrantes más jóvenes de mi familia, de sentirme apoyada y respetada por atreverme...*

Discursos como este ponen en evidencia la presencia de fuertes procesos reflexivos que se anclan en una actitud crítica y una marcada capacidad de autodeterminación que es mostrada como baluarte narcisista. A su vez, estos mayores otorgan mucha importancia a los dispositivos educativo-recreativos como continentes autorizados y legítimos para promover la guía y reflexión necesarias para su reestructuración personal, la re-significación identitaria y el desarrollo personal.

La posibilidad de establecer un contacto mediante el aprendizaje en un contexto de pares coetáneos, permite desplegar procesos de reflexión en donde la escucha y la mirada de otros modos de envejecer contribuye a cotejar e intercambiar puntos de vista acerca del tiempo, de las relaciones familiares, las necesidades existenciales, las búsquedas e intentos por mejorar las condiciones de vida. Este intercambio permite flexibilizar los propios esquematismos, como un modo de salir de modos de ser/estar cristalizados; promoviendo procesos adaptativos de flexibilización y fortalecimiento de los mecanismos de compensación. A su vez, este proceso posee una perspectiva existencial que ensancha los límites del autoaprendizaje.

La apropiación del aprendizaje es percibida como un modo de vida; lo cual supone una actitud ante sí mismo, el mundo y los otros. Esta actitud se sustenta en la idea de estar atento a lo que sucede interna y externamente, sostener una actitud de apertura hacia lo nuevo, no caer en la rigidez de aquello aprendido y en sostener la capacidad de asombro.

El fantasma que aparece en sus discursos remite al estancamiento, a la posibilidad de "quedarse". En ese marco el enriquecimiento es un propósito necesario para apuntalar el crecimiento y una estrategia para conservar la integración yoica.

Aprender implica sostener el movimiento existencial para estar integrado. El enriquecimiento es investido de cualidades positivas que remiten a la renovación y la recreación interna del adulto mayor. Esto se evidencia en discursos como:

> *…El aprendizaje en este momento significa el no perder la capacidad de asombro y el ansia de saber. Poder continuar inmersa en un mundo tan cambiante y estar siempre atenta a las posibilidades de integrarse en las nuevas tecnologías. Poseer espíritu crítico constructivo…*
>
> *Significa la posibilidad de flexibilizar mis actitudes, darme apertura para mejorar mis habilidades y conocimientos y permitirme expresar mis sentimientos y básicamente sentir la alegría de estar viva…*
>
> *Es crecer, mejorarme para mí es sentirme vital…*
>
> *Significa que me siento viva, con proyectos…*
>
> *Para mí es una conducta, una forma de vivir, algo que cuesta mucho si no se comenzó a descubrir mucho antes en la infancia. Aceptar desafíos, cambios de visión, adaptar conductas. Evitar la rigidez mental y física es aprender a reírse de muchos de nuestros esquematismos y sobre todo, con otros se aprende a escuchar, a intercambiar roles, a ser más dúctil…*

Desde esta perspectiva de significación, aprender es "algo novedoso que proporciona bienestar" en tanto aporta a la renovación. Aprender es un proceso recursivo con el bienestar psíquico en tanto representa una instancia que produce el "aquietamiento de las angustias de esta etapa", permite la "autoafirmación de la autoestima y el autoconcepto", genera placer, serenidad y altos montos de gratificación personal.

La proporción de personas mayores que interpretan el aprendizaje como un proceso intrínseco a su desarrollo personal se incrementa con la edad. No obstante, también se registran cambios cualitativos entre los que transitan la vejez temprana y los mayores ubicados en la vejez avanzada. En particular se destaca en estos últimos el significado que atribuyen al aprendizaje como un medio para exigir el respeto del entorno social y como un modo de respetar sus propios deseos, necesidades y aspiraciones. Ello puede observarse en discursos como:

> *...Aprender significa estar viva, pertenecer al mundo,*
> *entenderme mejor con mis hijos y sentir que sigo siendo*
> *una persona útil, capaz y necesaria...*
> *Completar y mantenerme autónoma en mis vivencias y*
> *capacidades de trabajo en mi entorno y en mi familia...*

Entre las mujeres mayores de 60 a 74 años que otorgan al aprendizaje la significación de desarrollo personal prevalece la presencia de un componente de autodeterminación que se liga a la necesidad de gratificación y a la necesidad de liberarse de un "deber ser" que ha operado como condición de su hacer en etapas anteriores de su vida. Esta necesidad de hacer algo para expandir las fronteras de lo personal hace que acentúen el carácter "performativo" del aprendizaje por sobre su carácter instrumental.

No le otorgan tanta importancia al contenido de lo que incorporan como al para qué lo incorporan: enriquecerse, nutrirse, gratificar-se. El aprendizaje se constituye en un medio e incentivo para el despliegue de su desarrollo personal, un movilizador de su energía vital en pos de sostener los intereses que conecten la necesidad de sentir-se deseantes, de aprehenderse en aquello que aprenden. El placer que despierta el conocimiento excede las tensiones que devienen de la tarea El reconocimiento de que el aprendizaje es una opción ejercida desde una intención consciente y liberada de cualquier imposición externa, hace que reafirmen el concepto de sí y se sientan satisfechas consigo mismas.

La significatividad del aprendizaje se encuentra en seguir los imperativos de la necesidad de sostener el asombro y de renovar las perspectivas de aquello que aparece como "viejo". Lo importante es descubrir una mirada nueva para aquello cotidiano e incorporar en el trabajo del diario vivir una actitud de apertura que se oriente a des-cristalizar los esquematismos y rigideces. Estos sujetos mayores rescatan el valor del dispositivo de educación no formal como lugar autorizado para la transmisión de conocimientos y como el espacio socio-cultural que les permite generar actitudes proactivas de reflexión de los procesos psico-afectivo-cognitivos en relación al aprendizaje y a los procesos de intercambios socio-relacionales, en relación a sus pares de cohortes generacionales afines y en referencia a vínculos intergeneracionales.

Los discursos de las mujeres de más de 75 años que se posicionan frente al aprendizaje como un proceso de desarrollo personal refieren al aprendizaje como una forma, en el sentido de un modo de ubicar los adverbios temporales "aún", "todavía" que se asocian a acciones para continuar existiendo. Sus voces ponen en evidencia un reconocimiento de las limitaciones que atraviesan y que, en gran parte, remiten al orden de lo físico; en contraposición con la valoración de los recursos psicoafectivos que utilizan como recurso de compensación.

La actividad de aprender es emprendida a partir de estos recursos que vinculan el sentido que se le otorga a lo vital de sí y a la revalorización de la propia vida. Se hace alusión a las ganas de vivir, a lo que enciende la búsqueda para seguir siendo/estando en condiciones voluntarias con el fin de hacer algo que las satisfaga y gratifique. Esta acción de hacer "algo" por, para y desde sí se encuentra en relación a lo posible; es decir con aquellos que se conecta con el acto de vivir, salir, aprender, vincularse con otros pares y de agilizarse en estas acciones de sostener la vida. Esto se pone de manifiesto en los siguientes discursos:

> *Una forma de sentirme útil, aun con ciertas limitaciones.*
> *Haber encontrado "el sentido de la vida" en esta etapa…*
> *Significa que todavía tengo ganas de vivir, de salir, de estar con buena gente, de seguir luchando, de aprender, de agilizar mi mente, de estar activa…*
> *En este momento significa que todavía nos queda una llamita de voluntad para hacer algo por nosotros mismos, que nos satisface y gratifica…*
> *El aprendizaje de lo que me es posible física y anímicamente, pues ya no tengo mucho poder de retención…*

Otras mujeres mayores hacen hincapié en que el aprendizaje es un modo de estar en la vida, con el que se intenta enriquecer y seguir creciendo en las posibilidades de despliegue de los procesos de desarrollo, promoviendo sentimientos de autorrealización. La autorrealización se asocia a autopercepciones de vitalidad, fortaleza y expectativas de crecimiento en relación a sí y respecto al establecimiento de vínculos sociales. Los discursos resaltan la búsqueda de fertilidad de las redes sociales como un modo de sostener la propia pertenencia a un contexto, que se asocia a pares etarios.

La adhesión a actividades de aprendizaje intenta construir referencias acerca de la vejez que se apuntalen en el reconocimiento, la ejecución y el reclamo de los derechos que se tienen como sujetos. Las metas del aprendizaje se depositan en la posibilidad del propio desarrollo con el fin de incidir sobre las representaciones sociales negativas que se tienen sobre la vejez; poniendo en evidencia el carácter transformador del aprendizaje respecto de sí y de la realidad. Esto se manifiesta en discursos como:

Toda la vida es un aprendizaje, valorar todo lo bueno que nos brinda la vida...Sentirme realizada...Forma parte de mí...

Enriquecimiento y crecimiento personal, alternar con pares, establecimiento de fértiles redes sociales. Demoler mitos y prejuicios sobre la vejez. Pasar a conocer y ejercer derechos y reclamar lo que corresponde. Ser sujetos sociales, contribuir a la transformación de la realidad...

Sentirme viva, fuerte y con mucha expectativa...

Para estos mayores el aprendizaje se encuentra orientado a la generación de procesos de satisfacción personal en los que se incluye el hecho de seguir construyéndose como persona. Revalorizan el aporte que se obtiene de la participación en procesos de aprendizaje n tanto éstos le permiten llenar espacios personales, confirmando que aún tienen lugar para incorporar algo que les guste y otorgue felicidad. Aquello que se incorpora a través del aprendizaje no sólo se orienta al propio crecimiento interno, sino busca su canalización en el intento de expresión en el afuera de algo de lo aprehendido. La actitud de despliegue se asocia a la idea de realización personal sin que la vejez sea un impedimento para ello.

En este momento de mi vida, el aprendizaje está menos orientado hacia metas o logros materiales y profesionales. En cambio, está más dirigido a la satisfacción personal y a continuar sintiéndome "persona" que se sigue

formando...
Significa continuar creciendo como persona...que de
año en año me enriquezco, lleno mis alforjas y aun cobro
y reparto intereses...
Sentir que estoy haciendo algo por mí, que me gusta y
me hace feliz...
Realizarme con el espíritu de que la edad no es un
inconveniente para alcanzar logros...

En el caso de los adultos mayores de 60-74 años el aprendizaje entendido como desarrollo personal es revalorizado en su condición de performance, a través del cual se realiza un acto que pone en movimiento la sucesión de actos educativos que han constituido la subjetividad personal. En su condición de performance el aprendizaje re-edita los procesos de educabilidad del sujeto, por ello se constituye en la cita en la que se enuncia los atravesamientos entre el cumplimiento del deber ser del ideal social y la realización autoconstructiva del ser para sí.

Estos manifiestan que emprenden acciones de aprendizaje como una oportunidad para sí y lo hacen por sí mismos. En el acto de aprender conjugan lo instrumental del para qué del aprendizaje -que adquiere connotaciones de enriquecimiento, nutrición y gratificación personal- con la conquista de su autorrealización. En la acción de aprender se sostiene la capacidad de autodeterminación intencional y voluntaria, que liga el proceso de toma de decisiones a las posibilidades de ejercer una opción por sí mismo.

El aprendizaje como actividad se constituye en una herramienta subjetiva que se pone al servicio de gestionar procesos que apuntalen la capacidad de asombro y que permite que se apropien de lo novedoso para re-novar la mirada que se tiene de sí en relación a lo temporal. El espacio educativo se constituye en el continente re-organizador de la experiencia de aprehender-se a sí mismo a través de procesos que contribuyan a la asunción de un pensamiento reflexivo y de una consciencia crítica de sí, de los otros y de los cambios que se producen en la cultura en torno al acontecer temporal. El fin último del aprendizaje se encuentra en fortalecer los procesos de autodeterminación, que liberen de las (im)posiciones de un "deber ser" externo y conecten con el compromiso de expandir el propio desarrollo.

En tanto, para los adultos de 75 anos y más, el aprendizaje se constituye en un modo de sostener el despliegue de la voluntad y las ganas de seguir viviendo, que se apoyan en la conciencia de las propias limitaciones que remiten al orden de lo físico. En el intento de aprender se pretende sostener aquello que permite que el deseo vital no se extinga. El aprendizaje se constituye en esa acción intermediaria entre el deseo de hacer algo para sí y la necesidad de sostener la posibilidad de continuar ejerciendo procesos de autodeterminación sobre el despliegue del desarrollo personal. El aprendizaje se constituye en la herramienta que promueve acciones de despliegue personal que contrarrestan las posibilidades de repliegue y la pérdida de la autonomía, que los ubicaría en una posición subjetiva de dependencia. Para estos sujetos el aprendizaje es un modo que instrumentaliza la vitalidad de la vida y, por tanto, es parte inherente de sí.

Aprender como desafío de superación

Una parte de los adultos mayores encuestados significan al aprendizaje en este período de su vida como una acción que les sirve de soporte para incentivar su deseo vital y superar los desafíos que les plantea el acontecer de la vejez. El aprendizaje es apreciado como el estímulo movilizador de la voluntad, para seguir sosteniendo las ganas de hacer algo por/para sí mismos y es lo que organiza el sentido existencial. Esto se expresa en los enunciados que emergen de las voces de los mayores de la siguiente manera:

…El aprendizaje en este momento significa para mí un logro más de los que cada día aspiro y por suerte me cuesta poco esfuerzo…

Con el correr de los años uno llega a contentarse con conservar la voluntad de seguir viviendo, la voluntad de seguir adelante…

Optimo pues te da ganas de vivir. Algo importante y motivador.

El aprendizaje es un hermoso desafío que me mantiene con ganas de hacer y participar. Es un estímulo de vida... un incentivo y un verdadero desafío...

Estos discursos significan el aprendizaje como un desafío, en el sentido de una acción que posibilita poner a prueba sus capacidades y fortalecer así sus creencias de autoeficacia. Se evidencian diferentes connotaciones respecto a qué es lo que se pone a prueba, aunque el sentido dominante es el de probar el propio poder personal. Ese poder remite a la posibilidad de aprender, a la capacidad de elegir algo para sí mismo (lo que solapa el hecho de elegir algo por sí mismo), a la posibilidad de continuidad en el sentido de la potencialidad de incorporar/adquirir logros nuevos.

Los discursos denotan ciertas tensiones entre la acción de comprobar y demostrar que aún se puede. Esta tensión remite a la propia mirada y, a la vez, referencian la mirada de otros que operan como testigo de que la edad no es un impedimento. Estos otros pueden ser un par generacional u otro próximo más joven. En ambos casos, la mirada del otro sitúa al sujeto mayor como desafiante de las profecías de realización negativa que recaen sobre las personas mayores, quienes desafían a sus propias capacidades como si éstas tuviesen la entidad de un tercero que opera como rival. En el acto de poner a prueba sus capacidades, los adultos mayores comprueban su propia capacidad para hacer. Esto se puede apreciar en los siguientes discursos:

...Es una prueba de que puedo aprender, un desafío...

Me parece algo fundamental poder elegir de hacer algo para mí mismo, y además es un volver a vivir la etapa de nuestra niñez y adolescencia...

Significa un motivo de alegría, descubrir que puedo seguir aprendiendo. ¡Me siento feliz!...

Me permite comprobar y demostrar que la edad no es un impedimento que me margine de las actividades sociales e intelectuales. Es un desafío a mi propia capacidad, un aliciente a continuar demostrando mis capacidades.

Demostrarme a mí mismo que estoy en condiciones de aprender cosas nuevas...

Por otra parte, quienes otorgan al aprendizaje la significación de desafío de superación, le atribuyen a éste una función de mantenimiento, como una acción para sostener y activar las capacidades existentes. El aprendizaje se constituye en el medio para prolongar las propias competencias y revela la consciencia de que ellos pueden incidir sobre el sostenimiento de sus propias capacidades. Este grupo de sujetos mayores se encuentran ocupados/preocupados por mantener, sostener, prolongar sus capacidades intelectuales como si éstas fuesen las representantes de sostener la integridad de su persona. Sus discursos expresan una posición personal que denota una percepción de riesgo y fragilización de sus capacidades (especialmente las intelectuales) como resultante del proceso de envejecimiento. Esto se puede apreciar en discursos como los siguientes:

El aprendizaje me sirve para mantenerme activa…

El aprendizaje en este momento de mi vida es muy importante para mantener o prolongar capacidades existentes…

El aprendizaje es una fuente que mantiene un constante fluir a mi mente, así como el agua y el buen alimento aportan salud a mi cuerpo; lo importante no es el deterioro físico. Trágico es el mental…

En otros discursos de adultos mayores que comparten su posición como desafío para superarse, aparece un posicionamiento diferente. En ellos se registra un énfasis más integrado de los aspectos psicoafectivos e intelectuales. La idea de desafío adquiere el matiz de intento por corroborar las propias capacidades mediante el aprendizaje como una actividad que no sólo pone en funcionamiento las habilidades y destrezas intelectuales, sino que las perfecciona y otorga una sensación de gratificación. Esto puede observarse en discursos como:

Significa que estoy en condiciones físicas, emocionales e intelectuales para intentar el aprendizaje de cosas que me gratifiquen…

Me ayuda mentalmente, me agiliza, me siento a gusto.

Es muy importante para saber que mis neuronas funcionan…

Estos adultos mayores otorgan al aprendizaje una significación de desafío con una connotación afectiva que pone el énfasis en la afirmación del saberse "capaz de". La búsqueda del sentir la capacidad de su poder hacer, contribuye a la autoafirmación de la percepción de autoeficacia y a acrecentar la convicción de que mediante un trabajo personal se puede ganarle a los años posibilidades en el marco de las (im)posibilidades que puede conllevar la vejez. Este trabajo por mejorar la sensación de autoeficacia se emprende intencionalmente poniendo en juego acciones que conectan la actividad intelectual como fuente de vitalidad y de protección. Pareciera que el aprendizaje es interpretado por estos adultos mayores como un intermediario entre la necesidad de apuntalar el sentimiento de valía y eficacia respecto a las potencialidades de sus competencias y el deseo de influir sobre el de-venir de sus procesos de envejecimiento. Las metas del aprendizaje se orientan a sostener la experimentación de las posibilidades de las capacidades, pero se apoyan en la reflexividad de un pensamiento que evalúa la temporalidad y sus posibles efectos. Esto puede inferirse en los siguientes discursos:

> *Significa sentirme capaz, poder insertarme en la sociedad que aun no respeta al adulto mayor...*
> *Sentir que puedo. Revitalizar mis condiciones, agilizar la memoria. Cultivar las neuronas, saber que puedo aprender, esforzarme en formar y acrecentar el pensamiento reflexivo*
> *... Significa que todavía puedo superar mis aspiraciones. Poner en movimiento las neuronas y tratar de que este aprendizaje forme parte de mi estilo de vida para alcanzar una vejez saludable...*
> *Sentir que sí puedo a pesar de los años. Es un decir yo puedo...*

Para estos sujetos mayores aprender es una forma de afrontar los fantasmas del viejismo y del deterioro cognitivo. El énfasis del proceso de aprendizaje está en la ejercitación y el entrenamiento de capacidades específicas, con el fin de reafirmar y re-confirmar que las capacidades intelectuales se conservan y, por lo tanto, la vejez aún no ha hecho su obra.

Estos sujetos mayores parecen no interesarse por nuevas adquisiciones o por actualizarse en determinados temas. En cambio, insisten en "repasar", "reforzar" y "sostener" lo adquirido. Sobrevuelan en estos discursos imágenes siniestras de la vejez y su posición como sujetos de aprendizaje es básicamente defensiva. Aprender es una acción que protege y defiende de "los impedimentos que acarrea la edad". La acción de aprender se emprende con el fin de demostrarse a sí mismos que aún pueden y para ello necesitan "ponerse a prueba" en situaciones estructuradas y que requieren la realización de procesos de cierta complejidad.

El valor del aprendizaje está en procurar la autoafirmación de las capacidades y con ello sostener al Yo frente a los fantasmas del deterioro y la involución. Estos sujetos mayores se anticipan a los potenciales efectos negativos resultantes del proceso de envejecimiento, para lo cual emplean las herramientas intelectuales como medio de promover sensaciones de bienestar, que les permita aumentar su autopercepción de autocontrol y autoeficacia frente al paso del tiempo. Esto se evidencia en los siguientes discursos:

> *...El aprendizaje me hace sentir bien, me levanta la autoestima y me moviliza... No lo tomo como un aprendizaje. Mi opinión es reafirmar aciertos y reconocer desaciertos...*
>
> *Es muy importante para mi autoestima. Significa sentirme viva, creativa, y hacer trasmitir a quienes piensan lo contrario; muestro la parte positiva...*
>
> *Significa mantenerme psíquicamente bien. Afirma mi seguridad y me mantiene activa física e intelectualmente. Me relaciono con personas con formas de ser diferentes...*
>
> *Es fundamental, me hace sentir bien, más joven. Además es un desafío...Una gran emoción, felicidad, alegría. Todo junto para no sentirme mal, anulada en este mundo que se vive. En particular siempre fui muy inquieta de aprender por mí...El aprendizaje en esta edad de la vida significa mantener la mente activa y el profundizar algunos conocimientos...Sentir que siempre se puede aprender y participar en cosas que antes no le veía tiempo para realizarlas...*

Entre los adultos mayores de 60-74 años que otorgan al aprendizaje la significación de desafío de superación, se encuentran diferentes posicionamientos. Los encuestados piensan, sienten y actúan respecto al paso de los años con perspectivas que van desde una prevención ilusionada, una reacción defensiva que encubre un temor respecto al deterioro cognitivo y sus implicancias sobre su voluntad y autonomía para tomar decisiones; una acción que mejora las percepciones positivas de autoeficacia para resolver determinadas situaciones y el sostenimiento del autocontrol a partir de un sentimiento de valía personal y social.

El aprendizaje significado como desafío de superación se encuentra atravesado por la necesidad que poseen los sujetos mayores de poner a prueba sus capacidades. Lo que va difiriendo sutilmente es desde qué posición existencial respecto del acontecer temporal van realizando el desafío. Este desafío se presenta como un logro que aspira a movilizar las ganas y la voluntad de seguir viviendo, mediante el emprendimiento de una tarea que opera como estímulo e incentivo para ejercer el acto de aprender.

El aprendizaje se constituye en el medio a través del que se intenta comprobar y demostrar que la edad no es un impedimento para poner en juego las propias condiciones personales, entre las que se destacan las de orden intelectual, emocional y, en un grado de menor importancia las físicas. La puesta a prueba de las capacidades les permite reafirmar su percepción de autoeficacia y autocontrol. La puesta en juego de estas condiciones tiene como meta última el reconocimiento de saberse/sentirse "capaz de".

Sin embargo, este reconocimiento se asienta en diferentes posiciones subjetivas respecto del acontecer temporal. Para algunos el despliegue del desafío de aprender es parte del impulso vital que revitaliza las propias capacidades. Otros, por el contrario, intentan salir de procesos defensivos anclados en sensaciones de angustia y ansiedad por la posibilidad de las (im)posibilidades que el acontecer depara.

Los discursos de mujeres mayores de 75 años que vivencian los procesos de aprendizaje como un desafío de superación sostienen que el acto de aprender continúa teniendo igual importancia y significación que en otras edades de sus vidas. Reconocen en su trayectoria biográfica que el aprendizaje se ha constituido en una acción emocionante y estimulante, que incentiva a poner en juego las propias competencias, para dar respuesta a las demandas que impone la vejez.

El aprendizaje se constituye en una acción tendiente a la adquisición e incorporación de algo que no se tiene y se desea lograr, aunque este acto de internalización demanda una exposición para trasmitirlo/trasponerlo hacia un otro. En estos sujetos se aprecia el movimiento que propicia el acto de aprehender que supone la recepción e incorporación de "algo" que se encuentra fuera de sí y la emisión/trasmisión de aquello asimilado y transformado a partir de los propios esquemas. Es en las relaciones entre los movimientos de recepción-internalización-trasmisión en donde se moviliza la espera ilusionada de que hay algo posible para sí. Se evidencia en esta posición un reconocimiento del anclaje de las propias potencias en relación al acontecer temporal y las condiciones que se requieren en la actualidad para poder ser capaz de aprender. El aprendizaje opera como el objeto intermediario que ilusiona y moviliza la esperanza de obtener gratificación en la posibilidad. Esto se pone de manifiesto en los siguientes discursos:

…Lo que fue siempre. La respuesta a un temperamento infinito. Lo disfruto dos veces: cuando lo internalizo y cuando por vocación me convierto en factor multiplicador al trasmitirlo…

Es emocionante y estimulante para mi salud, que yo pueda estudiar y hacer deporte, trabajar a esta edad…

Me llena la vida, me incentiva para levantarme todos los días con la ilusión y esperanza de lo que recibiré cada día…

Es tan importante como en cualquier otra etapa, más gratificante que nunca. Igualmente posible, sólo siento que requiere más tiempo para que el aprendizaje quede firme…

Por su parte, otros mayores de este grupo sostienen que el aprendizaje es un desafío necesario para satisfacer la curiosidad y subsanar inquietudes que subsisten en el tiempo. En la propia evaluación de los logros se obtiene la satisfacción. Lo novedoso más que en los contenidos se encuentra en la autopercepción de autoeficacia respecto a las adquisiciones a las que se arriba. Estos sujetos se prueban a sí mismos en las competencias para adaptarse a las demandas exigidas por la actividad de aprender, como un modo de ubicar el progreso personal que remite al orden de lo cognitivo-intelectual. El aprendizaje es el instrumento que permite explorar y dar curso a las autoexigencias de desarrollo personal. Los siguientes discursos dan cuenta de esto:

> *Aprender en este momento de mi vida es un desafío que acepto con alegría, porque nunca me pesó estudiar…*
> *Si se quiere un desafío y evolucionar mentalmente en temas distintos a los que conocía…*
> *Un desafío deseado y agradable. Una necesidad de cumplir con respuestas a una curiosidad inagotable. Llenar huecos que las exigencias vitales no permitieron satisfacer pero subsisten…*
> *…Desafío, adaptación, recuperar el tiempo perdido, saber más, actualizarme. Mantener la capacidad. Para mí aprender es un desafío, me siento satisfecha cuando evalúo mis logros…*

Algunos mayores depositan en la actividad de aprender la fuerza que incentiva e impulsa las acciones intencionales y voluntarias orientadas a sostener el acto de aprehender-se en la adquisición de algo que se presenta como novedoso. El aprendizaje es la herramienta que señala a la persona mayor que "nunca" se termina de hacer-se en el acto de re-crear el alma/ánimo de buscar lo que falta. Aparecen connotaciones de temporalidad en el adverbio "nunca" y en el verbo "terminar" como el contrapunto que pone en juego lo inacabado de la necesidad. El aprendizaje responde a una motivación, que no es más que la puesta en tensión de una necesidad que busca encontrar su fuente de satisfacción. Esto se expresa en los siguientes enunciados:

> *Aprender es una motivación para saber cada día más, nos permite mantenernos activos y sentirme acompañada…*
> *El aprendizaje es básico, porque nos señala que nunca*

> *se termina de aprender, que aún quedan cosas para*
> *asimilar, gozar con los pequeños triunfos logrados...*
> *Es sentirse bien y con ganas de seguir haciendo cosas, ver*
> *mi familia bien. Es un recreo para el alma...*

En el caso de los encuestados de 60-74 años el aprendizaje como desafío de superación se sostiene en posiciones subjetivas que evalúan desde diferentes puntales psicoafectivos sus procesos de envejecimiento, de acuerdo a la valoración que realizan de sus recursos para enfrentar los cambios y las demandas que el acontecer temporal impone.

Estas posiciones subjetivas condicionan las perspectivas con las que se emprende la tarea de aprender. Estas perspectivas adquieren matices extremos; por una parte la actividad de aprender se asienta en posiciones que apelan a la confianza para desplegar procesos de aprendizaje sostenidos en impulsos autoconstructivos y creativos; mientras que otras acciones de aprendizaje son reacciones defensivas sustentadas en temores, ansiedades y angustia por la posibilidad de deterioro y decline de las capacidades que pueden de-venir del acontecer temporal.

El aprendizaje es el instrumento que opera como una tarea externa que permite poner a prueba las capacidades intelecto-cognitivas y socio-vinculares, respectivamente. El aprendizaje es el estímulo externo que incita e incentiva a poner en movimiento la voluntad de exponerse a situaciones problematizadoras que demandan de una resolución práctica en la que se ponen en juego habilidades, destrezas y competencias. La intención latente es comprobar, sentir y saber los alcances de las capacidades. Estos sujetos buscan saber-se y sentir-se capaces de generar procesos intencionales y voluntarios en los que se pongan de manifiesto sus posibilidades de autocontrol de la situación externa y el despliegue de respuestas eficaces de resolución. Mediante las acciones de aprendizaje se intenta sostener las capacidades existentes, como un modo de prevenir-se de las (im) posibilidades que trae el tiempo; y a la vez explorar otros recursos tendientes a compensar y subsanar aquellos recursos que se perciben como vulnerados.

Mientras que en el caso de los adultos mayores de 75 años y más, el aprendizaje se constituye en un desafío que incentiva a las fuerzas vitales de la necesidad para ir en busca de un satisfactor externo que ponga en tensión aquellos lugares y posiciones que aun demandan una respuesta. En este caso, se trata de la ilusión y la esperanza de que hay algo más por recibir, de que aún se puede evolucionar mentalmente, que existe una curiosidad que no se apacigua y un deseo por saber más.

El aprendizaje se constituye en el acto que pone en movimiento la posibilidad de ejercer una acción intencional orientada a brindar una respuesta al anhelo de superación personal. El espacio educativo opera como el continente que permite hacer circular las necesidades y deseos de seguir siendo/estando sujetado a los procesos de evolución y progreso del desarrollo humano/ humanizante a través del acontecer temporal.

Existe una co-implicación dinámica y de mutua reciprocidad entre el espacio educativo y los procesos de aprendizaje. Esta co-implicación potencia lo posible en tanto pone en movimiento los motivos del Yo para seguir proponiéndose como su propio proyecto, en el de-venir del trabajo de vivir. Estos mayores valoran el espacio educativo propuesto por los dispositivos culturales, pues en su interior se promueven procesos de aprendizaje que evocan la gratificación de las primeras experiencias educativas. El espacio educativo es el representante del campo social que contiene los contenidos legitimados y validados como novedosos por la cultura, mientras que sus prácticas remiten al imaginario de las rutinas y procedimientos de la educación escolarizada.

Aprender como situación de afrontamiento

Para un grupo de adultos mayores encuestados la acción de aprender se relaciona con el despliegue de estrategias de afrontamiento que supone poner en juego recursos cognitivos, intelectuales, conductuales, sistemas de creencias y filosofías de vida necesarios para enfrentar las demandas que de-vienen del trabajo del diario vivir. Estas estrategias de afrontamiento son resultantes de procesos de interpretación, evaluación y valoración que el sujeto mayor realiza de los recursos con que cuenta para enfrentar, tolerar y resolver de modo efectivo aquellas situaciones internas o externas que pueden poner en riesgo su propia integridad. En este caso las estrategias se encuentran orientadas a realizar procesos de adaptación compensatoria frente a determinadas situaciones y condiciones que contextualizan su proceso de envejecimiento.

Para este grupo de mayores el acto de aprender se constituye en un recurso externo que aporta, obliga y ayuda al trabajo intelectual necesario para afrontar los cambios con lucidez y equilibrio. En estos sujetos se resalta la idea de estar alerta ante los cambios que impone la temporalidad, a fin de realizar acciones tendientes a mantener-se en buenas condiciones para retrasar los procesos de envejecimiento y prevenir la irrupción de enfermedades. El aprendizaje se presenta como la herramienta que hace de soporte para continuar luchando y disfrutando de/en la vida, pues permite adquirir e incorporar ciertos conocimientos que permitan mejorar las condiciones de existencia. Esto se evidencia en los siguientes discursos acerca de la significación que le otorgan al aprendizaje:

> *Aprender significa muchísimo, justamente este curso "Calidad de Vida", sobre todo por lo que aporta para afrontar los cambios propios del envejecimiento con lucidez y equilibrio emocional*
>
> *…El mantenerme en buenas condiciones, para seguir luchando y disfrutando de la vida…*
>
> *El aprendizaje obliga al trabajo intelectual que puede ayudar a retrasar los procesos propios del paso del tiempo o de enfermedades serias. Implica mantenerme atenta a los cambios, mantener la mente activa…*

Estos adultos mayores consideran al aprendizaje como un recurso para aceptar y adaptarse a los nuevos desafíos que devienen del transcurso del tiempo. Se inviste al acto de aprender con cualidades que posibilitan atenuar los efectos del curso del tiempo y como una ayuda para mejorar y modificar la calidad de vida. Esto se aprecia en discursos como los siguientes:

> *...Adaptarme a los cambios de esta etapa...*
> *Significa una posibilidad de seguir creciendo y aceptación*
> *de nuevos desafíos...*
> *Creo que cada día podemos aprender algo que nos*
> *ayudará a lograr mejor calidad de vida. Significa*
> *modificar los espacios de adentro. Atenuar el curso del*
> *tiempo...*

Aprender es el proceso por el cual estos adultos mayores intentan buscar y seleccionar actividades para adquirir conocimientos y estrategias que les permitan apropiarse de recursos y capacidades para afrontar determinadas situaciones. Se advierte en estos sujetos mayores un posicionamiento activo y reactivo frente a situaciones visualizadas como riesgosas o que exigen su reposicionamiento. Su búsqueda se orienta a renovar aquellos conocimientos que con los años se han perdido. Más que conocimientos, su anhelo es renovar la sensación de sentirse competentes y capaces para incidir sobre su vida cotidiana. El aprendizaje se constituye en la ayuda necesaria para adquirir recursos que les permitan atenuar y mejorar los efectos que provoca el paso del tiempo y, por ende, fortalecer su sentido de autoeficacia y su capacidad de regular y controlar los eventos que le acontecen. Al respecto, se citan algunos discursos significativos que sustentan esta descripción interpretativa:

> *...Seleccionar las actividades y estrategias que me*
> *ayuden a desarrollar el potencial intelectual que incidan*
> *en el aprendizaje cotidiano...*
> *Significa mantener mi mente alerta, buscando adquirir*
> *conocimientos, renovando aquellos que con el paso de los*
> *años perdí...*
> *Aprender cosas que me sirvan para mejorar y me ayude a*
> *sentir más capaz física y mentalmente, para poder llegar*
> *a realizar cosas que no pude antes y seguir creciendo*
> *hasta el último momento de vida...*

Estos adultos mayores le otorgan a la acción de aprender una posibilidad de habilitación para evitar procesos de segregación social. En esta habilitación evalúan la pertinencia de su propia ubicación respecto de los cambios que se producen en el entorno social. El aprendizaje se constituye en una herramienta que moviliza el interés por continuar incluyéndose en los procesos de cambio social y como soporte para apuntalar los puntos de apoyo de los propios saberes e ideas. Esto puede apreciarse en discursos como:

> *...Evaluar el entorno para saber si estoy ubicada con mis ideas. No quedar descolocada con el resto del mundo y poder insertarme en él...*
>
> *El aprender significa un logro para no sentirme excluida ni esperando el fin...*

Para estos mayores el aprendizaje es una herramienta para afrontar la limpieza de las capas de "telarañas" que el paso del tiempo ha ido depositando sobre las neuronas como representantes de los componentes básicos que posibilitan la actividad intelectual. El aprendizaje adquiere connotaciones de movilizar, poner en funcionamiento, limpiar los restos producidos por el desuso y promover el desarrollo de otros conocimientos, capacidades e inquietudes que se encuentran al servicio de metas de superación.

El aprendizaje es significado también como una herramienta potenciadora de procesos de ensanchamiento de los límites de lo adquirido y explorado en el pasado. Para estos mayores su ideal de superación se apoya en la voluntad de no claudicar en su desarrollo y en su intencionalidad de no anclarse en el ritmo que marca el curso de la temporalidad. Para ello insisten en proponer-se/imponerse metas de superación que alimenten la necesidad de continuar movilizando sus inquietudes de seguir siendo. Esto puede apreciarse en los siguientes discursos:

> *...Aprender significa sacar las telarañas de mis neuronas...*
>
> *Es no anclarse, seguir interesándome por todo aquello que considero importante. Imponerme metas de superación, insistir, no claudicar...*
>
> *Enriquecimiento del alma y la mente. Significa que estoy todavía en condiciones físicas, psíquicas y anímicas como para conocer y desarrollar cosas nuevas.*

Es evidente que estos adultos mayores poseen una imagen de sí como sujetos con potencialidades por desarrollar y con cierta capacidad para efectuar previsiones y anticipaciones frente a las transformaciones que producen el cambio y el tiempo. Estas previsiones y anticipaciones parecen desencadenar fuertes procesos reflexivos conscientes. La acción de aprender es un proceso de remoción, re-novación y sensibilización de los esquemas de conocimiento, frente a las cristalizaciones y sedimentos que anclan el deseo vital.

Las respuestas de este grupo de mayores dan cuenta de una percepción diferenciada y precisa de sus necesidades, cambios y problemáticas, lo que contribuye a que puedan seleccionar estratégicamente las actividades, recursos y capacidades que perciben que necesitan. Las situaciones que son visualizadas por los mayores como amenazantes remiten tanto al orden de lo socio-cultural como a lo personal. Entre ellas adquieren mayor visibilidad la preocupación por la disminución de las capacidades físicas y cognitivas.

En cuanto al medio de aprendizaje, estos mayores consideran que la educación es una herramienta para enfrentar lo novedoso del cambio que irrumpe (y en ello está lo amenazante) y el reconocimiento de que lo adquirido puede no servir como recurso para la nueva situación. Esto se evidencia en los enunciados de los siguientes discursos:

> *…Seguir aprovechando mis capacidades. El aprendizaje es importante como en cualquier etapa, la vida es un eterno aprendizaje, sólo tenemos que tratar de estar alerta y estos cursos son el agua que necesitamos para apoyar nuestra ignorancia.*
> *…No aflojar, hago cosas que antes no podía hacer. El aprender cosas nuevas agiliza la memoria y las neuronas en general. El aprender a cuidarnos mejora la calidad de vida.*

Para estos sujetos mayores el aprendizaje implica una oportunidad de afrontamiento de lo novedoso que instauran los cambios que de-vienen del proceso de envejecimiento. La idea con que parten estos mayores es el reconocimiento explícito de que existe un cambio en sus modos de ser y estar. Estos cambios son producidos por el atravesamiento del acontecer temporal sobre el curso de la biografía individual.

Se detentan diferentes valencias sobre el sentido del cambio, con lo cual lo novedoso no necesariamente remite a aspectos positivos, sino también a la irrupción de procesos entrópicos. Algunos desean detener el tiempo o el curso de lo vital emprendiendo todo tipo de esfuerzo emocional, intelectual y comportamental orientado hacia el fin de mantener cierto umbral de rendimiento fin. Lo propio de estos mayores es que depositan en/sobre el acto de aprender la posibilidad de buscar y encontrar los conocimientos, estrategias, recursos, habilidades, destrezas y competencias necesarias para enfrentar, afrontar y resolver situaciones atribuidas y percibidas como propias del proceso de envejecer. Para otros adultos mayores el afrontamiento es un modo de adelantarse a lo venidero, por lo que seleccionan intencionalmente las actividades y estrategias que de acuerdo a su valoración le ayuden a potenciar y apuntalar sus procesos de adaptación y compensación por optimización selectiva.

Estos sujetos mayores realizan un esfuerzo por estar atentos, lúcidos y equilibrados emocionalmente para reconocer qué de lo adquirido se hace necesario renovar e ir en la búsqueda de recursos necesarios para modificar espacios internos que les permitan atenuar el curso del tiempo. Todos depositan su esperanza en las promesas implícitas en el acto de aprender como un modo de apuntalar los sentimientos de valía, autoeficacia y autocontrol respecto de aquello que consideran que se ha perdido con los años y se hace necesario renovar. Muchos de estos mayores seleccionan los procesos de aprendizaje como el medio a través del cual insisten en continuar "luchando" en/por la vida en un intento de no claudicar y no anclarse en un tiempo pretérito. Por ello se imponen metas de superación, consistentes en sostener la inquietud de ampliar los horizontes pensados para sí, en torno a mejorar el hacer para satisfacer el sentir y re-aprender a pensar-se a través de los cambios.

Estos mayores invisten la acción de aprender y al medio a través del cual éste se adquiere: "la educación" como la posibilidad externa, que provee de ayuda para continuar desarrollando recursos necesarios para saberse/sentirse adaptados interiormente y posicionados/incluidos en los procesos de integración social en el trabajo de envejecer.

Para las mujeres mayores de 75 años el aprendizaje es el instrumento que les permite llenar el vacío que producen los cambios. La referencia al vacío adquiere connotaciones de angustia, de no saber y de algo producido por inacción externa; es como un agujero del que ha sido artífice el tiempo. En ese marco de significación el aprendizaje viene a ser el emisario que trae algo distinto, que contribuye a que el cambio no vacíe aquello construido sino que, por el contrario, aporte "algo" que opere como soporte para apuntalar las bases que sostienen las acciones necesarias para emprender el trabajo de vivir.

El aprendizaje es el intermediario que permite ordenar y resolver aquello que el acontecer temporal ha desordenado y puesto en conflicto. Mediante la acción de aprehender se adquiere otra perspectiva para mirar las limitaciones desde un saber que reoriente las posibilidades. Se aprecia en estos sujetos una sensación de revivir y de rejuvenecimiento de aquello que se encontraba desvitalizado y envejecido, a la vez que restaura la confianza de que todavía se puede.

Es importante llenar con el aprendizaje de cosas nuevas, distintas, los vacíos que se producen en los cambios, en la etapa de la madurez...

En este momento de mi vida emprender un nuevo aprendizaje me significa tener distintas bases para poder ordenar y resolver lo que día a día me va imponiendo el tiempo que va pasando...

La participación en procesos de aprendizaje infunde ánimo, entusiasmo y renueva las expectativas respecto de las posibilidades de utilidad. Se revaloriza la intervención de otros que reaseguran desde lo vincular y operan como redes sociales. Los efectos del aprendizaje son significados como una acción que quita capas de temporalidad y de-vela la potencialidad de las capacidades. A la base de estos procesos se puede apreciar el despliegue de procesos de inclusión social que apuntalan el bienestar subjetivo. Esto se pone de manifiesto en los siguientes discursos:

...Aprender en este momento de mi vida me permite saber nuevas cosas desde la óptica de mi edad y limitaciones, con entusiasmo y optimismo, es como sentir que alarga mis expectativas de vida útil

...En este momento que comencé a aprender dibujo, me sentí rejuvenecer, es como si hubiese revivido. Significa que todavía podía, encontré un lindo grupo. Yo pensé que iría a hacer el ridículo, y sin embargo fue todo lo contrario; todos me animaron y ahora me siento feliz
...En este momento de mi vida lo que estoy haciendo me parece magnífico, nunca creí poderlo hacer, es como tener muchos años menos...

Por otra parte, otras mujeres mayores depositan en las acciones de aprendizaje la condición externa que pone en actividad aspectos relacionados a las competencias intelectuales. El aprendizaje es un trabajo que agiliza, activa, mantiene en condiciones la cabeza, las neuronas y la mente, principalmente. Se reconoce en la actividad de aprender aquello que posibilita poner al descubierto otras capacidades que se consideraban perdidas, como si hubiese una consciencia de una apertura hacia otros intereses y necesidades no tenidas en cuenta. Esto se expresa en los siguientes discursos:

Aprender es mantener activo lo intelectual y compartirlo.
Una forma de mantener agilidad mental. Mantener activas mis neuronas.
...Poner en actividad capacidades que creía perdidas y disfrutar de esta tarea...Mantener un estado mental y cultural importante
... Una nueva apertura en esta última etapa de mi vida, interesarme por otras cosas que antes no me preocupaban tanto. Dejar de lado el materialismo...

En el caso de los mayores que transitan la vejez avanzada el aprendizaje es el medio a través del cual es posible prevenir los efectos producidos por el devenir temporal. Ellos ponen el acento en la activación de los procesos mentales relacionados con la memoria y el aprendizaje sería un recurso para aumentar la concentración y atenuar la posibilidad del olvido. Existen fuertes fantasmas de perder las adquisiciones cognitivas, por lo que se intenta reforzar lo adquirido y desarrollar nuevas estrategias que contribuyan al apuntalamiento de las facultades intelectuales.

El aprendizaje sería una herramienta que ayuda a realizar los pasajes vinculados a las transiciones vitales. El tiempo que se invierte en la tarea de aprender refuerza las inquietudes intelectuales, con las que las personas mayores intentan sostener la calidad y el sentido de la vida. Tácitamente se aprecia en estas actitudes preventivas cierta connotaciones defensivas respecto de lo por-venir. Esto se pone de manifiesto en los siguientes discursos:

> *El aprendizaje es fundamental. Prevenir para el alzheimer y la depresión. Es importante para mi calidad de vida estar con gente con mis mismos problemas...*
> *Me ayuda a pasar los momentos malos y a superarlos en el aprendizaje que me gusta........*
> *Es importante porque demuestra que a pesar de la edad, somos capaces de realizar distintas actividades. Independencia, seguridad...*
> *Mantener la mente lo más activa posible con lecturas y otras prácticas. En este momento es una nueva actividad, ayuda a promover inquietudes intelectuales y desarrollar la concentración para elaborar los nuevos conocimientos. Superarme, saber que todavía tengo capacidad para hacerlo. Significa superarme cada día más...*

Los mayores de 75 años invisten al aprendizaje de una cualidad re-novadora que permite el descubrimiento de nuevos conocimientos e informaciones necesarios para tener otras perspectivas sobre un mundo cambiante. El aprendizaje posibilita saber dónde se está parado, en el sentido que abre un panorama para mirar la realidad que acontece y demanda acciones de adaptación necesarias para estar en sintonía con la evolución social. Estos sujetos ponen el énfasis sobre los procesos de adaptación e inclusión a los cambios socioculturales. El aprendizaje se constituye en una herramienta para enriquecer el enfoque sobre la realidad y en una posibilidad para continuar enriqueciéndose con/en los cambios. Participar de acciones de aprendizaje ayuda a vivir mejor, aumenta la sensación de valía y provoca actitudes de aceptación por parte del entorno próximo. Esto se evidencia en los siguientes discursos:

Renueva lo ya aprendido. Los nuevos conocimientos o informaciones mejoran nuestro enfoque de un mundo que ha cambiado y al que debemos adaptarnos y mejorarlo también...
En cualquier etapa de la vida el aprendizaje es importante y en esta época donde cada día aparecen cosas nuevas. Los AM tenemos que aprender para saber dónde estamos parados...
Aprender cosas nuevas que me ayuden a vivir mejor...
Que a pesar de los años aun puedo descubrir muchas cosas si estoy alerta a la evolución social, que puedo seguir enriqueciéndome, lo que favorece mi autoestima y la creación de un entorno feliz...

En el caso de los mayores de 60-74 años el potencial del aprendizaje se sostiene en la atribución que se otorga a la promesa explicitada en las propuestas pedagógicas, a través de las cuales se intenta incorporar/desarrollar conocimientos, estrategias, habilidades y competencias que refuercen los recursos ya existentes o que promuevan el despliegue de otros necesarios para enfrentar los cambios que se producen en el proceso de envejecer.

Se trata de sujetos que realizan una anticipación acerca de las posibles limitaciones que podrían sobrevenir con el envejecer. Estas anticipaciones se asientan sobre la percepción de que existen cambios manifiestos en los modos de ser y estar en sus condiciones de vida. La percepción de estos cambios puede ser asimilada como parte del proceso inherente al curso de la vida; o por el contrario, como "algo" que puede ser evitado a partir del emprendimiento de una acción intencional y voluntaria.

Las actividades de aprendizaje que seleccionan responden a aquellos componentes (biológicos, psicológicos y sociales) que se intenta apuntalar, ya sea como una acción preventiva o como un acto para optimizar lo que queda habilitado como recurso de afrontamiento. El aprendizaje se constituye en una herramienta para desplegar procesos de adaptación compensatoria al inminente desgaste de los sistemas bio-psico-sociales que se producirían con el envejecer.

El acto de aprender se orienta a re-aprehender, a sentir aquello que se piensa de sí a través de un hacer-se a través de los cambios. Ello les permite reposicionarse subjetivamente respecto a las posibilidades de extraer algún logro en el proceso de envejecer. El espacio de aprendizaje, mediante el dispositivo educativo, es el que gestiona diversas visiones y versiones acerca del envejecer. Los procesos de intercambio e interacción social que se producen por la participación en actividades de aprendizaje promueven al cotejo de modelos identificatorios en los que se concretiza el acto de ser/estar envejeciendo.

Por su parte las mujeres de 75 años o más reconocen en el aprendizaje la cualidad de despertar procesos de interacción que les permite ampliar los marcos de referencia respecto a lo que se sabe de las posibilidades que se tienen durante el envejecer. Parece que estos sujetos reconocen que el acontecer temporal ha introducido cambios en sus condiciones de ser que desorganizan sus modos de estar y tornan inciertos los rumbos hacia el cual orientan su proyecto. Por ello buscan en las acciones educativas subsanar lo que se encuentra erosionado por el paso del tiempo y revitalizar las expectativas, intenciones, las creencias respecto de las propias capacidades para enfrentar y afrontar la temporalidad con cierta sensación de seguridad y certeza. Existen anticipaciones que operan como pre-visiones en las que se toma recaudo para apuntalar las pérdidas que pueden producirse en los sistemas cognitivo-intelectual, psico-afectivo y socio-vincular. Se observa que prestan mayor atención a los procesos de memoria y las capacidades mentales como una posibilidad de quedar limitados en su autodeterminación.

Sin embargo, mediante la participación en tareas de aprendizaje descubren que existen otras capacidades no exploradas y a las que no han prestado atención, comenzando a emerger una perspectiva que revitaliza, reanima, renueva, rejuvenece y hace revivir las acciones intencionales que se orientan a seguir progresando en los procesos de desarrollo. Se advierte en sus discursos que el afrontamiento se vincula más a la elaboración de pérdidas y el aprendizaje es resignificado como una herramienta que ayuda a "llenar los vacíos que se producen en los cambios".

Estos vacíos no sólo pueden interpretarse como las pérdidas producidas por el curso de lo temporal, sino como los representantes de la angustia de quedar perdido en aquello que se pierde. Mediante la participación en acciones de aprendizaje se intenta ocupar o bordear estos vacíos con las promesas esperanzadoras de las metas educativas, a través de las cuales se renueva la confianza en los procesos de autogestión de la propia existencia. Los recursos y capacidades que pueden adquirirse mediante el aprendizaje son interpretados como medios de fortalecer y apuntalar las bases del Yo y emprender con mayor confianza los caminos más inciertos de la ancianidad.

Aprender como proceso de autocomprensión

Entre los sujetos mayores encuestados se encuentra un grupo cuyo núcleo de significación relaciona el aprendizaje con la autocomprensión. La autocomprensión se produce en un interjuego entre tiempo para, disposición y disponibilidad de sí en relación consigo mismo para un hacer, y la renovación de los objetos satisfactores-gratificadores de la necesidad. En estos sujetos se advierte que el aprendizaje se vincula a la exploración de nuevas experiencias y a la experimentación personal en nuevas situaciones.

La posibilidad de explorar algo de lo potencial se asienta en la idea de cambio personal como un modo de saber-se en continuidad. Es decir, seguir cambiando a través de los cambios, modificando estructuras, incorporando conocimientos nuevos, entendiendo procesos pasados. El aprendizaje se constituye en una aventura que desafía la posibilidad de lo (im)posible y permite introducir en los modos de ser/estar algo novedoso.

En este momento de mi vida significa la posibilidad de aprender cosas nuevas. Romper con estructuras rígidas. Saber que siempre hay posibilidad de cambiar. Entender muchas cosas y todas para bien…

Significa seguir planificando cosas para el futuro…

Una aventura emocionante y un desafío. Una oportunidad para adquirir conocimientos. Una nueva experiencia, muy satisfactoria…

La idea de continuidad es una condición para seguir mirando el futuro desde una posición de confianza. Desde este posicionamiento el aprendizaje puede vivenciarse como una experiencia emocionante que se encuentra al servicio de la necesidad de seguir siendo y estando en condiciones de existencia móviles, dinámicas y permeables al cambio. Para estos mayores el acto de aprender se encuentra asociado con la acción de experimentar la posibilidad de realizar una actividad postergada en el tiempo y que quedó como algo pendiente.

La idea de "posibilidad para hacer" se entrelaza a la "capacidad para hacer", y ambas al ejercicio de la propia voluntad para decidir y elegir la realización de una tarea según los imperativos de lo que se desea y anhela. El aprendizaje es vivenciado como la posibilidad para saldar algo que quedó como resto en lo pendiente; por eso adquiere connotaciones afectivas que confrontan en el aquí y ahora las bases de la obligatoriedad del "deber ser" pasado con los deseos del "querer hacer" vigentes en el ideal, pero postergados en la realidad.

Estos sujetos denotan en sus posibilidades actuales de elección un imperativo que se constituye en una condición obligada para continuar siendo. Aparece la idea de "soldar" algo pendiente como un modo de unir temporalidades, acciones y decisiones. A través de la acción de aprender se intenta integrar lo sido desde las opciones pretéritas, con lo que se desea ser en lo proyectual. De ahí que soldar supone saldar una deuda consigo mismo e integrar en una intención continuada, una experiencia vital que intenta transitar caminos renovados en lo por-venir. Esto puede apreciarse en discursos como los siguientes:

...Experimentar que puedo hacer cosas quizás postergadas y la capacidad de adaptación en áreas distintas y con deseos de crecer culturalmente y también en afectos.

Renovación. Poder hacer lo que de joven no pude realizar. Una gran satisfacción de poder aprender lo que siempre quise, pero por obligaciones familiares no tenía la oportunidad de aprender.

Algo fundamental, porque tengo la obligación de elegir algo que realmente me gusta y que no tuve oportunidad

*de aprender antes. Significa soldar algo pendiente, abrir
nuevos caminos que me lleven a nuevos horizontes...*

El aprendizaje aparece asociado a los efectos que produce en la esfera de lo personal como es la sensación de placer y de satisfacción al permitir explorar y adentrarse en temas que permiten esclarecer ciertos aspectos de la experiencia cotidiana. En estos mayores la experiencia de superación personal adquiere un tono afectivo, que conecta la posibilidad de sentirse entretenido en el sentido más amplio del término: estar sostenido en la espera. La acción de aprender re-crea el ánimo de quienes aprenden y hace más llevadero el trabajo del diario vivir. Esto se puede apreciar en los siguientes discursos:

*Un gran placer. Un regalo que me hace la vida y las
personas que crearon estos cursos tan interesantes que me
permiten adentrarme en temas, para mí, esclarecedores.
Una nueva etapa de superación personal. Un
entretenimiento y una satisfacción personal...
En este momento le doy más importancia al conocimiento.
Estoy consciente del beneficio personal y del deseo de
transmitirlo a la sociedad*

Por otra parte, algunos mayores de este grupo atribuyen al aprendizaje la cualidad de renovar los motivos necesarios para movilizar sus emociones e intereses hacia fines que aumenten la vitalidad. La eficacia del acto de aprender se muestra en la intangibilidad del gozo y la gratificación de la interioridad representada con el término "espiritual".

El aprendizaje fortalece el deseo de lo vital y se constituye en el generador de la energía que los adultos mayores disponibilizan en sus condiciones para hacer-se. El aprendizaje resulta del esfuerzo consciente e intencionado que realizan los mayores en pos de mantener y sostener la actividad mental. Mediante el aprendizaje se intenta restaurar el entusiasmo que pareciera estar atascado en un tiempo pretérito y despertar al sentimiento de que no todo está hecho. En la acción de aprender los sujetos descubren lo necesario que les falta y emprenden acciones esforzadas para cubrir su necesidad de autorrealización.

Sin embargo, en el mismo acto de ir en busca de lo que les falta, descubren que la condición para seguir siendo se encuentra en lo parcial de la necesidad, que demanda reiteradamente su satisfacción. Mediante el aprendizaje sienten que aumenta su apertura para aprehender y que se corren los límites de su horizonte mental. Este proceso interno los lleva a un reencuentro consigo mismo y al reconocimiento de la responsabilidad en la inversión de tiempo personal para renovar, explorar y descubrir modos de ser y estar en la vitalidad de la vida. Esto puede apreciarse en los siguientes discursos:

> *El aprendizaje significa una gratificación espiritual que ayuda a vivir. Significa un nuevo motivo para encontrar la alegría de vivir*
>
> *Me ayuda a vivir. He aumentado mi salud mental. Tengo más calidad de vida. Hago cosas, me esfuerzo. Estoy viviendo con el aprendizaje intereses y emociones nuevas.*
>
> *El aprendizaje abre otros horizontes y permite mantenerme activa mentalmente. Es una exploración constante del conocimiento, un goce de saber que puedo hacerlo con el mismo entusiasmo de antes...*
>
> *Significa tanto que ustedes no lo pueden imaginar, quiero llegar al final con dignidad*
>
> *Ampliar mi horizonte. Culturalmente sentirme activa y así, también, mentalmente.*
>
> *Volver a vivir una etapa pasada, sentir que no todo está hecho en la vida.*
>
> *Necesidad espiritual, ejercicio físico, grupo alegre y activo. Elevar mi autoestima. Reencontrarme conmigo misma y mi reloj vital (es decir, las horas son mías; yo las manejo.)*

El aprendizaje es investido de una condición regeneradora de aquello que el tiempo ha erosionado. La idea de renacer lleva implícita connotaciones de continuidad, comienzo, reinicio y aminora los opuestos que condensan lo perennidad del ser en sus condiciones de existencia.

Mediante el acto de aprender los mayores cambian la valencia negativa atribuida a su sensación de improductividad y de abyección de los ciclos vitales. Modifican lo negativo de la sensación de inutilidad, por el movimiento positivo de lo generativo que restablece la conexión y el contacto consigo mismo y con los otros.

El aprendizaje remueve los significados y sentidos cristalizados en el curso de la vida, otorgando la posibilidad de elaborar criterios sustentados en la perspectiva de los procesos de madurez emprendidos por los mayores. El aprendizaje se constituye en la herramienta que contribuye a facilitar procesos de inclusión e integración social; restableciendo las posibilidades de intercambio entre los mayores y la cultura en constante de-venir. Esto puede apreciarse en los siguientes discursos:

Un renacer intelectual y espiritual, una sensación positiva de no sentirme descartable por cumplir el ciclo útil de la vida

Significa mi conexión con el mundo, sentirme viva, que aún puedo.

Renovar conceptos que ya había adquirido en la juventud, y abordar temas nuevos, pero en la madurez con amplitud y libertad de criterios que se comparten.

El aprendizaje es el inductor de los procesos de cambio interno. Permite no sólo incorporar conocimientos sino meterse en las fisuras de aquello cristalizado en esquemas de percepción y acción rígidos. El reconocimiento de esas fisuras permite a los mayores reconocer, reorientar y restituir a las necesidades de autorrealización su condición de parcialidad y su recurrencia en la demanda por ser satisfecha.

Este grupo de mayores se ubican en una posición de apertura en la que pueden reconocer este momento de su vida como una oportunidad para lograr una comprensión y entendimiento de sí mismos cualitativamente diferentes. Aparecen en los discursos referencias a una disponibilidad de tiempo personal que permite un trabajo de introspección y de reconocimiento de necesidades profundas que fueron postergadas o dejadas pendientes por las exigencias de la realidad. Esta actitud introspectiva permite objetivar la experiencia de vida adquirida en los procesos de maduración psicoafectivos, lo que permite gestionar movimientos prospectivos a partir de los cuales se re-elabora el proyecto de vida.

Aprender es un proceso de acomodación a las necesidades actuales que son reinterpretadas a partir de la "experiencia" y "la madurez". Aprender es la acción de exploración de potencialidades y capacidades aún no conocidas o ejercitadas y como un proceso de auto-descubrimiento que propicia una renovación, "un renacer intelectual y espiritual". Aprender es descubrir/se y trazarse nuevas metas que sostengan el proyecto vital.

En este grupo, el aprendizaje es lo que deviene como ideal para el proyecto de vida y la voluntad es lo que impulsa el sentido de posibilidad. Se pone a prueba la voluntad del ser en el hacer y se confirma la propia actitud de que "querer es poder". El aprendizaje es investido de cualidades transformadoras y motivadoras en tanto sostiene el trabajo del Yo para proyectarse en el tiempo y conservar la esperanza. El dispositivo educativo es valorado como el continente facilitador de los procesos de exploración y reestructuración del proyecto de vida.

El grupo de más de 75 años inviste al aprendizaje como la herramienta capaz de dar curso a procesos psicoafectivos y socio-vinculares a través de los cuales se realiza un reposicionamiento subjetivo, centrado en la valía personal y la atribución de respeto de sí que se traslada como demanda hacia el entorno. El descubrimiento de lo que "se es", es motivo de apuntalamiento de la propia estima. Las acciones de aprendizaje permiten otorgar nuevos sentidos a la existencia y reactualizar la percepción de los vínculos sociales próximos y la exploración de intercambios con otros pares otorga la sensación de sentirse parte del acontecer social.

> *Aprender es mantener la curiosidad por todo lo que me rodea. Aprender a respetarme por lo que soy y exigir ese respeto de los otros hacia mí…*
> *Es la comprobación de que mi vida aun en los 80 años está plena y con capacidad de recepción a nuevos conocimientos.*
> *Significa renovación, cambio, pensamientos positivos. Recibir mucho afecto de parte de los compañeros más jóvenes. Sentir que*

*formamos parte del mundo con esta actividad. Darle sentido a
la vida, nuevo sentido aparte de los hijos, nietos, etc.
Significa poder realizarme en lo que quiero, con quienes quiero
y que no pude desarrollar en mi vida laboral y matrimonial,
precisamente, porque había prioridades que atender. Ahora
perfeccioné mis ideas, mis pensamientos. Me relaciono, hago lo
que me da placer*

El hecho de "sentirse parte de" reaviva la confianza en el
proyecto personal como un espacio temporal para construirse, a
partir de los recursos con los que se cuenta y de las potencialidades
que sostienen lo por-venir. La participación en actividades de
aprendizaje re-nueva el convenio que se tiene con lo vital y corre
el velo de fantasmas que obturan la comprensión del sentido de la
vida, las posibilidades de continuar realizándose y las capacidades de
autodeterminarse.

El acto de aprender se constituye en una instancia facilitadora
de procesos autocomprensivos y un incentivo para otorgar-se la
posibilidad de enmendar aquello que es susceptible de ser mejorado.
Pareciera que el aprendizaje moviliza la apertura para generar
procesos de recepción e incorporación que ligan la propia decisión
por hacer, al placer de poder hacerlo para sí y desde sí, compartiendo
lo aprehendido con quien se elija.

A modo de conclusión

En este capítulo planteamos que los adultos mayores
otorgan diferentes significados al aprendizaje como proceso y al
aprender como acción personal. Se ha partido de la premisa de que
el aprendizaje es un recurso adaptativo que posee el ser humano
para continuar su proceso de humanización y de complejización
psíquica consistente en la elaboración de modos de ser/estar que
se van modificando en los procesos de adquisición e incorporación
de logros psicosociales. Estos logros y adquisiciones psicosociales
resultan de la co-implicación de las demandas que surgen de los
discursos provenientes del campo social (a través de sus agencias de

transmisión de la cultura) y de las necesidades singulares de sujetos particulares que se ven interpelados a generar procesos de aprendizaje necesarios para sostener su vigencia subjetiva en referencia a su posición dentro de un contexto social complejo.

Los diferentes significados que se han encontrado en los sujetos encuestados develan las posiciones subjetivas respecto a los procesos de elaboración de los cambios y las estrategias de generación de recursos internos y externos que contribuyan al desarrollo personal en este momento del curso vital. De acuerdo a los discursos de los adultos mayores el aprendizaje es más que un proceso meramente cognitivo. Ello revela la singularidad que en el envejecimiento adquiere el proceso de aprendizaje como instancia de renovación, re-creación y re-significación identitaria.

En los diversos posicionamientos que muestran los AM respecto a la significación que le otorgan al aprendizaje y al acto de aprender, es posible inferir que cada modalidad tiene características propias, aunque no son exclusivas ni excluyentes. Es decir, que algunas características se atraviesan y conectan entre sí, lo que guarda relación con la complejidad del trabajo psíquico que deben realizar los adultos mayores para tramitar los procesos de cambio a medida que envejecen y se desarrollan.

Mediante el análisis comparativo de los tipos de significación del aprendizaje en la vejez, es posible encontrar ciertos patrones comunes reconocibles en todos ellos. Estas características comunes nos permiten inferir algunos rasgos que especificarían los significados y sentidos del aprendizaje en la vejez. A continuación se exponen esas regularidades y se interpretan con el fin de recuperar una teoría sustantiva sobre el aprendizaje de los adultos mayores.

- La idea de renovación, que atraviesa los significados sobre el aprendizaje, adquiere relevancia como un modo de reactualizar y reeditar los recursos personales en sus condiciones instrumentales, en sus finalidades existenciales y en sus potencialidades.

En sus condiciones instrumentales la renovación aparece como la necesidad de incorporar conocimientos para ampliar las perspectivas psico-socio-culturales-existenciales y posibilitar la inclusión del adulto mayor en el campo social con un saber habilitado. El conocimiento es mirado como una posibilidad para convertir aquello envejecido por el tiempo y acrecentar y/o enriquecer los esquemas y contenidos intelecto-cognitivos cristalizados. La elección de contenidos abarca conocimientos de cultura general y aquellos concernientes a cuestiones que permiten entender los procesos temporales que se producen en el acontecer interno/externo. El acto de aprender hace hincapié en las adquisiciones de nuevos conocimientos necesarios para entender, aceptar e intervenir sobre una realidad cambiante. Desde esta perspectiva, el aprendizaje ligado a la renovación de conocimientos apuntala el anhelo de superación personal y tiene un soporte de pragmatismo que está ligado a acrecentar las autopercepciones de autocontrol y autoeficacia respecto de la resolución de situaciones que plantea el trabajo de vivir, muchas de ellas desencadenadas por el cambio social.

En sus finalidades existenciales se inviste al acto de renovación de connotaciones que exceden la adquisición de contenidos y que se orientan a movilizar los intereses, motivos y emociones que revitalizan el deseo de seguir creciendo y desarrollándose en la vida. La renovación es el recurso que pone en movimiento la energía vital generadora de proyectos; y que permite realizar planificaciones esperanzadas en el por-venir de la ilusión de seguir siendo. Aprender implica renovar las ganas desde una perspectiva madura, que incorpora una intención voluntaria sustentada en la libertad y en el deseo de gratificación.

En sus posibilidades potenciales la renovación se plantea como la posibilidad de desenvolver "algo" que parece que se ha ido atando en el trabajo de resolución del acontecer temporal. Mediante el aprendizaje se intenta sostener las competencias y desarrollar nuevas habilidades y capacidades para afrontar los cambios, expandiendo el propio desenvolvimiento de ellas y reasegurándose en el saber de que aún se es capaz y se puede.

- En los adultos mayores encuestados el aprendizaje aparece relacionado con la necesidad de continuidad, entendida como aquella que demanda mantener vivo el interés por evolucionar conforme al ritmo de los tiempos. El ansia de saber más en este momento del curso vital es percibido como una necesidad de sostener la atención sobre la voluntad

de seguir viviendo. Para ello, los adultos mayores realizan acciones y actividades que depositan sobre el acto de aprender la posibilidad de sostener el sentido de continuidad de lo vital de la búsqueda, para completar lo que le falta al ser para seguir siendo en condiciones de existencia cambiantes.

Los AM intentan comprobar y demostrar que la edad no es un impedimento para emprender nuevos caminos que prolonguen las capacidades existentes y el aprendizaje se constituye en un aliciente para continuar desafiando las propias capacidades. Aprender responde a la necesidad de aceptación e incorporación de los cambios que plantea el curso del tiempo y es lo que demanda la realización de un trabajo en pos de disfrutar de la vida. El acto de aprender es un emprendimiento de mecanismos de adaptación, que permiten modificar espacios internos con el fin de potenciar los recursos de aprendizaje que se emplean en el afán de vivir. El aprendizaje se constituye en el medio que sostiene el deseo de no claudicar e interpela al sujeto en sus metas de superar-se, a fin de no anclarse ni detenerse en los procesos de autodesarrollo. La necesidad de continuidad es solidaria con el sentimiento de permanencia, que despierta el interés por emprender acciones tendientes a realizar esfuerzos que reafirmen el sentimiento de que todo no está hecho, y que el ser puede y necesita de algo más para seguir siendo/existiendo.

- En los discursos de los mayores sobre el aprendizaje aparece la idea de lo pendiente que opera como resto de lo no sido y como soporte para gestionar el anhelo del ser, que se traduce en un deber hacia sí y como un ideal para seguir siendo desde un hacer.

El aprendizaje aparece ligado mayormente a un contenido y se revela como una necesidad de manifestar la independencia respecto a las (im)posibilidades pasadas para decidir por sí y para sí. Los AM rescatan el valor de experimentar la realización de algo que quedó pendiente y la posibilidad de darse una oportunidad de decidir libres de condicionamientos externos. En la elección de actividades educativas se busca satisfacer el anhelo del propio deseo y gratificar el gusto del propio querer. Lo pendiente se resignifica como la "condición para", que redefine el "deber ser" a partir de un mandato interno, que muchas veces se transforma en la exigencia por cumplir el propio ideal. Otorgarse la posibilidad para darse una oportunidad, une aspiraciones pasadas con anhelos presentes y los orienta hacia el futuro como un modo de ligar temporalidades y sentires en un hacer que abre nuevos itinerarios en el camino y que amplía las perspectivas del horizonte del propio desarrollo.

- El aprendizaje permite a los adultos mayores sostener las representaciones que poseen acerca de la vigencia de sus competencias psicosociales, como un modo de evitar la obsolescencia. El aprendizaje es emprendido con fines prácticos que permiten acompasarse con el ritmo del tiempo externo.

El aprendizaje responde a la necesidad de estar inmerso en una experiencia de aprendizaje que opera como una posibilidad para participar e intercambiar ideas con otros pares, con lo que el aprendizaje denota el interés por incluirse dentro de los procesos de evolución de la sociedad y la cultura. De ese modo los adultos mayores intentan salir de los esquematismos aprehendidos en matrices pasadas y ponen el acento en procesos de expansión intelectual.

Los discursos denotan un marcado interés por cotejar de modo evaluativo si los propios esquemas mentales se encuentran acordes con los procesos actuales de cambio, en un intento de no quedar fuera del mundo, descolgados y obsoletos. Si bien los discursos hacen hincapié en la generación de procesos intelectuales de renovación de los esquemas mentales de percepción, se evidencia un componente afectivo que está dado por la búsqueda del aumento de los sentimientos de seguridad en la pertinencia de sus modos de ser/estar en vínculos sociales intergeneracionales.

Este componente afectivo remite al trabajo psíquico que los adultos mayores realizan para apuntalar sus ganas de seguir siendo, redefiniendo y re-elaborando sus ideales conectándose con lo generativo. Aprender es una acción deliberada que se contrapone al acto de autoexclusión y desvinculación que los dejaría fuera del intercambio social y en una actitud fatalista de esperar el fin. Incluirse en los dispositivos socio-culturales implica el despliegue de una acción tendiente a revalorizar el propio rol y reafirmar la posición subjetiva de valía. Ello le permite generar acciones para re-establecer sentimientos de utilidad que contrarresten la posibilidad de ser descartables e innecesarios por haber cumplido con el ciclo de la vida.

- El aprendizaje se constituye en un recurso para contrarrestar los efectos que se producen por el paso del tiempo. En este aspecto se evidencian modos de anticipación respecto al acontecer de lo temporal y a las posibles (im)posibilidades que el envejecer conlleva. El aprendizaje se constituye en la actividad que permite activar procesos de ejercitación y entrenamiento; activación que permite apuntalar el sostenimiento y la prolongación de las capacidades existentes.

En los adultos mayores se observa una perspectiva instrumental del aprendizaje aún cuando las metas sean de autorrealización o autodesarrollo. A diferencia de las edades jóvenes en que la literatura traza la divisoria entre aprendizaje instrumental y aprendizaje expresivo como dos tipos antagónicos de desplegar procesos cognitivos, en la vejez los aspectos del autodesarrollo y la autorrealización propios del aprendizaje expresivo, están al servicio de fines prácticos vinculados a la mejora del bienestar psíquico y la integración social. En otras palabras, la búsqueda del placer, el reconocimiento del propio deseo como movilizador de los intereses, la realización personal a través del aprendizaje, responden a necesidades pragmáticas derivadas de la adaptación a los cambios internos y externos.

Los modos de anticipación que operan en la base de la movilización para aprender presentan marcadas variantes, derivadas de la oferta de significantes que provee el campo social. Por ejemplo, en forma tácita la mayor parte de los discursos aluden a los procesos mentales desde una visión mecánica y biologicista sobre los procesos cognitivos. Las metas del aprender se orientan a generar procesos que agilicen la memoria, cultiven y "saquen las telarañas de las neuronas". Se hace hincapié sobre el mantenimiento de las funciones mentales como un modo de sostener la propia independencia y conservar los sentimientos de autoeficacia y autocontrol que se teme perder. Por el contrario, otros sujetos mayores rescatan del aprendizaje su carácter formativo y performativo, lo que les permite potenciar de un modo integral las competencias físicas, intelectuales y sociales. Para ellos, el aprendizaje se constituye en un recurso que puede aportar al desarrollo de otras competencias no exploradas.

En todos los casos, la meta del aprendizaje se encuentra orientada a sostener las condiciones de autovalía, mediante las cuales se re-afirma que mientras haya vida hay posibilidad de seguir cambiando. El aprendizaje se constituye en un recurso interno necesario para afrontar los cambios y poner en movimiento la vitalidad de lo generativo; y por ende, se constituye en una experiencia vital ilusionante.

- El aprendizaje es una herramienta para acrecentar el pensamiento reflexivo sobre los propios procesos del desarrollo en el envejecer. Con la experiencia del acto de aprender los adultos mayores buscan establecer procesos de entendimiento, esclarecimiento e indagación sobre temas vinculados a la mejora de la calidad de vida durante la vejez.

El aprendizaje se constituye en una posibilidad para seguir creciendo, que ayuda a sostener una sensación de equilibrio emocional y permite renovar la mirada de sí mismo. Contribuye también a procesos que potencian la capacidad de asombro y favorecen la flexibilidad adaptativa frente a los cambios internos y externos. El aprendizaje además previene la caída en una rigidez mental que obstaculiza los procesos de superación personal. Mediante la participación en procesos de aprendizaje los sujetos mayores reorganizan sus sentidos existenciales respecto de la vida, la temporalidad, las potencialidades, los cambios y el protagonismo personal en la gestión de condiciones para generar condiciones de existencia saludable.

En el acto de aprender se liga el sentido existencial con la re-elaboración de un proyecto de vida en el que se entrelazan las nociones de continuidad, despliegue y crecimiento conformando una red que hace de soporte al sentido de trascendencia.

Mediante el aprendizaje se aplaca la angustia de la propia muerte física y de la cesantía en los procesos de integración social. Esto promueve acciones que reaseguran la confianza en las posibilidades de continuar elaborando un proyecto de vida sostenido en una perspectiva esperanzada de lo por-venir. El acto de aprender es una acción que contrarresta los fantasmas representados por las posibilidades de deterioro, declinación y muerte que se alimentan del temor, la inseguridad y la angustia.

En los discursos de los adultos mayores sobre el aprendizaje aparecen referencias al contexto a través del cual se aprende. Los dispositivos socio-culturales se constituyen en el referente simbólico que al otorgar un lugar social al Adulto Mayor lo habilitan para tramitar sus procesos de cambio, proponiéndole recursos y redes que sostienen su trabajo de reposicionamiento subjetivo. En tal sentido, los discursos evidencian la operatoria del propio dispositivo y su eficacia simbólica al ser reconocidos como espacios transicionales para elaborar las transformaciones del envejecer y adquirir herramientas de diferente naturaleza para empoderarse de sus capacidades.

Los objetivos institucionales de los dispositivos socio-culturales son portadores y portavoces de exigencias e ideales respecto a los modalidades de ser y estar como adultos mayores atravesados por el acontecer temporal, posicionados frente a las demandas que ofrece e impone la educación, el tiempo liberado, el ocio, la salud y la calidad de vida de las personas envejecientes. Estas nociones se entrelazan a los discursos sociales sobre las posibilidades de los adultos mayores respecto a sus condiciones concretas de educabilidad, la reactualización de sus habilidades psicosociales y la promoción de procesos de re-inserción social.

En los espacios socio-educativos no sólo se instrumentan acciones que ligan los procesos de aprendizaje a la adquisición de conocimientos y al despliegue exploratorio de habilidades, destrezas y competencias de las personas mayores. Los dispositivos socio-culturales ofrecen modelos identificatorios a través de los cuales se exponen y cotejan diversas modalidades de envejecimiento y se proponen algunos de ellos como deseables. Los dispositivos se nutren de las particularidades de los posicionamientos subjetivos de los sujetos que transitan un envejecimiento saludable, proponiéndolos como modelos ejemplares que reafirman la capacidad transformadora del propio dispositivo como herramienta de cambio en la vejez.

Capítulo 5

EL APRENDIZAJE COMO TAREA PSICOSOCIAL DEL ENVEJECER: RESIGNIFICACIÓN IDENTITARIA Y COMPLEJIZACIÓN PSÍQUICA

Introducción

En el capítulo anterior hemos presentado una tipología de significados acerca del aprendizaje en la vejez elaborada a partir de los discursos producidos por adultos mayores que transitan diferentes itinerarios del envejecimiento. Desde nuestra perspectiva, estos significados no refieren a un mero contenido representacional acerca de qué es el aprendizaje, sino que revelan los diversos posicionamientos subjetivos que los adultos mayores adoptan para atravesar la vejez y desplegar procesos que les permitan efectuar una adaptación satisfactoria a los cambios personales y sociales.

En este capítulo proponemos un modelo conceptual orientado a fundamentar -desde una perspectiva psico-social- una explicación dinámica acerca del aprendizaje en las edades avanzadas de la vida. El punto de partida de nuestro argumento es que el aprendizaje está estrechamente vinculado al proceso de complejización psíquica que se sigue produciendo en la vejez.

Siguiendo la perspectiva de Erikson y otros autores de base psicoanalítica y de la Escuela de Berlín, sostenemos que durante el proceso de envejecimiento el trabajo psicosocial que enfrentan las personas mayores pone en conflicto los logros y adquisiciones básicas asimiladas y adquiridas en otros ciclos del curso vital. Este conflicto psicosocial es el que impulsa a los adultos mayores a reactualizar sus esquemas de percepción para promover procesos progresivos de maduración, mediante los cuales puedan incorporar, asimilar y significar los cambios que se producen en sus capacidades físicas, psíquicas y sociales.

En ese intento de reactualización personal, los dispositivos de educación no formal aparecen como continentes legitimados socialmente para satisfacer esas necesidades y brindarles a los adultos mayores herramientas y recursos que les faciliten el afrontamiento de los cambios. No obstante, el espacio educativo es un escenario en el que se disputan sentidos acerca de los destinos del envejecer y sus posibilidades de desarrollo. Por ello, los mismos dispositivos de educación no formal, reafirman el carácter conflictual de la adaptación individual en el proceso de envejecimiento, aunque se ofertan como un espacio transicional en el que los sujetos envejecidos puedan tramitar esas tensiones que amenazan su identidad.

Es la percepción de esta situación de conflicto subjetivo e identitario la que promueve el cambio de posición subjetiva. El conflicto interpela los modos habituales de funcionamiento, lo que le permite a los adultos mayores relativizar las posiciones existenciales sobre las que se asientan sus visiones/versiones de sí mismos y los impulsa a iniciar un trabajo de re-visión. Uno de los aspectos que singularizan este proceso en el contexto contemporáneo de institucionalización de la vejez como una edad social -y consecuentemente la legitimación de ciertos dispositivos gerontológicos como los de alcance educativo-recreacional-terapéutico- es que el trabajo de re-significación identitaria que deben afrontar los adultos mayores, se realiza en el interior de dispositivos socio-culturales que disponen al Yo particular y subjetivo a la realización de un trabajo psicosocial que complejiza y apuntala sus núcleos estables y re-nueva sus soportes móviles. Esta dinámica de resignificación identitaria cobijada por los dispositivos gerontológicos, y entramada en las redes del entreaprendizaje es la que favorece el auto-reconocimiento de la persona mayor como idéntica a sí misma a través de sus cambios.

Si bien los diferentes significados y sentidos asignados al aprendizaje revelan posicionamientos subjetivos -por lo tanto inscriptos en las experiencias vitales de sujetos singulares- los mismos son elaborados y provistos por el campo social quien, a través de las instituciones y sus imaginarios, presenta a las personas mayores recursos, exigencias e ideales que modulan el trabajo de complejización psicosocial en este estadio del curso vital. De esa manera, para desplegar los procesos de resignificación identitaria y de reconfiguración subjetiva los adultos mayores ponen en juego alguno de los diversos modos de significación del aprendizaje propuestos por la cultura. Esos significados son portadores de cualidades básicas en cuya tensión dialéctica el sujeto puede adquirir nuevos logros, que no necesariamente implican una continuidad con los otros ciclos vitales, sino que albergan la posibilidad de una reestructuración y reorganización cualitativamente diferente.

La adquisición de estos logros enfrenta complementariamente cualidades básicas que se apoyan en posiciones subjetivas polares. En el esquema que proponemos utilizamos el término "versus" como un recurso lingüístico que denota la potencial oposición de posiciones subjetivas dinámicas y polares. Con la partícula "versus" se intenta no sólo enfrentar las cualidades básicas asociadas a cada tipo de significados del aprendizaje sino, por el contrario, asociarlas en una relación de pasaje complementario que contiene el movimiento versátil de posiciones subjetivas móviles, dinámicas y complejas que caracteriza al proceso identitario a lo largo del curso vital.

El trabajo psicosocial permite al Yo del adulto mayor apuntalar sus condiciones de mismidad, integridad y permanencia a través de lo que sobrevive de sí en el de-venir de su acontecer temporal. Por esta razón, el conflicto psicosocial que se produce en los procesos de aprendizaje se sostiene en la resolución y adquisición de logros previos, permitiendo a cada sujeto optimizar selectivamente aquello que considera que debe sostener y, a la vez, reactualizar y/o desarrollar nuevas habilidades, competencias y destrezas. El aprendizaje como trabajo psicosocial implica desaprender contenidos y procesos adquiridos anteriormente; reaprender y refuncionalizar aprendizajes pretéritos para ajustarlos a las demandas actuales e incorporar nuevos recursos y habilidades que instauran la novedad y la innovación en los recursos y competencias de la persona mayor.

A continuación se exponen las cualidades básicas del trabajo psicosocial vinculado a los procesos de resignificación de la identidad personal y social como adultos mayores. Estas cualidades se organizan en pares de opuestos complementarios que movilizan las tensiones del trabajo psicosocial mediante el cual los adultos mayores realizan el esfuerzo por aprehender las cualidades que la estructuran y por alcanzar los logros que devienen de su adquisición. Cabe aclarar que si bien estas cualidades tienen cierto grado de correlación y correspondencia con alguna de las tipologías de significación del aprendizaje, no son exclusivas de ellas sino que se atraviesan y complementan en el acto mismo de aprender.

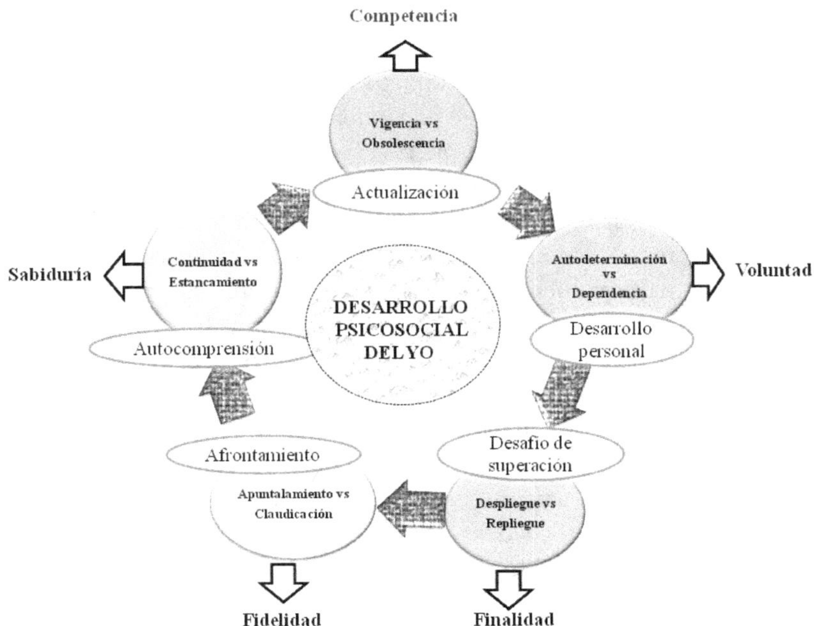

Vigencia versus obsolescencia: competencia

Estas cualidades básicas predominan en el aprendizaje que adquiere la significación de actualización. La vigencia es la cualidad básica promovida por la cultura, que moviliza a los adultos mayores a realizar una re-visión tendiente a evaluar si los logros psicosociales adquiridos se encuentran actualizados y son funcionales a las demandas actuales. La vigencia es una cualidad instrumental que refiere a las competencias prácticas que poseen los sujetos para enfrentar y afrontar mediante alternativas de resolución eficaces, una situación que se presenta como problemática. Sin embargo, en el núcleo de la vigencia como la cualidad básica, ésta contiene en sí una valoración interna/externa que remite al valor de utilidad social que se le reconoce a los sujetos mayores para ser incluidos dentro de procesos de integración e inclusión comunal. No basta con creerse capaz para hacer, sino que también hay que demostrar que se es capaz de sostener-se *aggiornado* en el despliegue de la dinámica de la vida social. El carácter instrumental de la vigencia se complementa con el reconocimiento de la fecha de vencimiento de las adquisiciones psicosociales tendientes a la productividad, al ritmo, a la industria y la destreza para llevar adelante una demanda social.

El fantasma de la obsolescencia aparece como una cualidad básica representante del repliegue en el ritmo del desarrollo y ubica al adulto mayor en una posición de perentoriedad respecto a los movimientos de los cambios sociales. La obsolescencia deja a las personas mayores fuera de la novedad y hace que su competencia sea insuficiente para acoplarse de modo transformador o tan solo funcional a la dinámica social que se presenta como cambiante.

En los mayores que se adentran en la vejez tardía (75 años y más) la vigencia adquiere un carácter socio-vincular más que instrumental. En este ciclo de la vejez hay un claro reconocimiento y aceptación de la perentoriedad de las adquisiciones psicosociales actuales. La generatividad se orienta al apuntalamiento del sentido de trascendencia personal. La mirada se centra en continuar vigente en el proyecto comunal del entorno próximo y en seguir siendo mirados en sus cualidades vitales. La obsolescencia se representa como quedar guardados, lo que equivale a ser invisibilizados por un otro significativo y excluidos del intercambio vincular.

La resolución de las tensiones que se dan entre las cualidades básicas de la vigencia y la obsolescencia se traduce en el logro psicosocial de la competencia, entendida como la capacidad para hacer que conecta al adulto mayor con una posición subjetiva de "ser capaz de y para" continuar enfrentando, afrontando y resolviendo adecuadamente las situaciones que se presentan en el trabajo de vivir. En esta perspectiva, el aprendizaje contribuye en el proceso de complejización psíquica en la vejez al apuntalar el sentido de competencia del sujeto.

Autodeterminación versus dependencia: voluntad

Estas cualidades básicas se expresan con mayor preponderancia en el aprendizaje significado como proceso de desarrollo personal. La autodeterminación es la cualidad básica que se liga con la fuerza confiada de poder ejercer la voluntad para decidir acerca de la propia vida y sus circunstancias. En la autodeterminación se encuentra el germen de la potencia que apuntala la necesidad del adulto mayor de sostener-se por sus propios medios y según sus propias convicciones. La cualidad de la autodeterminación conlleva implícita la apropiación de sí para sí y la posibilidad de hacer por sí, lo que se necesita y desea para sí. El deber ser se encuentra autodeterminado por la perspectiva de una consciencia existencial que mueve a la persona mayor a sostener la mirada en un proyecto para sí.

Aquello de lo generativo que en el ciclo de la adultez estuvo depositado en cuidar a y cuidar de los productos que salen de sí, en este ciclo del curso vital se orienta al cuidado de sí, al hacer algo por sí y para sí, como un modo de sostener el despliegue del propio desarrollo. Lo novedoso se encuentra en aprehender-se en aquello que necesita ser gratificado. La autodeterminación adquiere un carácter reflexivo que orienta conscientemente al adulto mayor hacia la realización de procesos psicoafectivos-cognitivos que re-nueven la confianza en sí mismo, para realizarse según los propios ideales.

La contrapartida de la autodeterminación encuentra su complemento en la cualidad básica de la dependencia. Esta suscita en el adulto mayor la desconfianza en las propias posibilidades para orientar su vida conforme a las prescripciones de sus necesidades, intereses y deseos. El reconocimiento del paso del tiempo y la conciencia de que se ha cumplido con las prescripciones del "deber ser" impuesto por los otros, generan fantasmas que los confrontan con la (im)posibilidad de ser para sí lo que se desea. Esto incide sobre la confianza en el proyecto vital, que se ve amenazado por la desconfianza que engendra la desesperanza de poder autogestionar los procesos de autonomía, autovalidez y autocontrol.

En los mayores de 75 años la autodeterminación adquiere connotaciones más instrumentales que existenciales, pues mediante esta cualidad básica se intenta sostener aquello que enciende la voluntad de seguir viviendo. Mediante la autodeterminación se apuntala la seguridad de sostener el autocontrol sobre sí mismo y la autonomía, las que se apoyan en la confianza de que mediante el ejercicio de la propia voluntad, es posible conservar la vitalidad que se escapa, en el reconocimiento del debilitamiento de las fuerzas físicas y mentales. El aprendizaje es en esta posición básicamente una acción que moviliza la voluntad y que en su actuación la pone a prueba como recurso básico para la transformación personal.

Despliegue versus repliegue: finalidad

Estas cualidades básicas se encuentran concentradas predominantemente en el aprendizaje significado como desafío de superación. El repliegue es una cualidad básica que se asocia al reconocimiento por parte del adulto mayor de las posibilidades de declinación y deterioro que pueden sobrevenir con el trascurso del tiempo. Mediante el despliegue el mayor emprende la iniciativa por conservar, explorar y expandir los límites potenciales de sus recursos. Para ello pone a prueba los alcances de las competencias, habilidades y destrezas consolidadas en los aprendizajes adquiridos.

La cualidad básica del despliegue adquiere un carácter de incentivo que moviliza al adulto mayor hacia la acción consciente y voluntaria orientada a re-novar los motivos e intereses en el trabajo de seguir obteniendo logros e ideales de superación. Estos a su vez, apuntalan el sentimiento de autocontrol que orienta la finalidad del desarrollo personal. La cualidad del despliegue permite al adulto mayor animar el movimiento de su vitalidad, la que dirige hacia fines creativos que se encuentran al servicio del sostenimiento de la esperanza y la confianza de que mediante el trabajo intencional es posible incrementar la percepción de sentirse y saberse capaz de superar-se. El despliegue adquiere el carácter de una cualidad extrínseca, vinculada a la resolución de situaciones externas que estimulan e incentivan la condición autónoma del adulto mayor y que lo habilitan para ejercer voluntariamente el derecho de autodeterminarse.

Sin embargo, el despliegue encuentra su opuesto en la cualidad básica del repliegue, que activa en el mayor la angustia y el temor de no ser capaz de sostener el control eficaz de sus competencias. El repliegue amenaza con detener el despliegue del desarrollo y estancar las intenciones y finalidades de evolucionar progresivamente hacia procesos de mayor integración.

El repliegue despierta en las personas mayores la fantasmática de la disolución de su capacidad para hacer, lo que genera condiciones de inseguridad que promueven la cristalización en posiciones subjetivas asentadas en una desconfianza desesperada. Esto genera en la persona mayor el apaciguamiento de aquellas iniciativas orientadas al trabajo de superación a la vez que obstruyen la circulación de la energía vital generativa.

En los mayores de 75 años la cualidad básica de despliegue adquiere una connotación intrínseca al desarrollo personal, lo que sustenta la esperanza de seguir aprehendiéndose en el deseo de ser más; deseo que no cesa y sostiene el ideal de elaborar metas a corto plazo.

Apuntalamiento versus claudicación: fidelidad

Estas cualidades básicas se encuentran presentes predominantemente en el aprendizaje significado como situación de afrontamiento. La cualidad básica de apuntalamiento sobreviene cuando el adulto mayor reconoce que en el atravesamiento del acontecer temporal hay algo del cambio que se le impone y lo des-ubica de las certezas y seguridades elaboradas en los aprendizajes psicosociales previos. Se sabe con seguridad que el tiempo ha realizado su acción sobre el cuerpo, pero no hay una percepción cabal de cómo ha incidido sobre los sistemas psicoafectivos y sociovinculares.

La cualidad básica de apuntalamiento le permite al adulto mayor buscar, explorar y decidir hacer algo para sostener no sólo las capacidades sino el sentimiento de integridad de quién es él a través del tiempo. El apuntalamiento adquiere connotaciones extrínsecas que de-vienen del reconocimiento por parte de la persona mayor de que es necesario anticipar-se a las (im)posibilidades que sobrevienen al paso del tiempo. Se hace necesario reaprender a pensarse a través de los cambios respecto a la identidad social de adulto mayor, que los reubica en roles y posiciones diferentes a las conocidas.

Mediante la cualidad básica de apuntalamiento el mayor orienta su intención de encontrar recursos externos que le permitan posicionarse subjetivamente a partir de acciones que compensen lo que se ha perdido con los años; que sostenga lo que aún se encuentra fortalecido y que amplíe los recursos necesarios para adaptarse a los cambios. Lo novedoso se encuentra al servicio de continuar ampliando los horizontes del propio desarrollo, manteniéndose fiel a la promesa de ser sí mismo a través de los cambios.

Sin embargo, el apuntalamiento tiene como su contrario a la claudicación que apaga el deseo vivaz de ser fiel, para sostener la intención de seguir siendo y seduce al mayor a quedar anclado en aquello perdido. La claudicación desmiente la certeza del potencial ideal del propio proyecto e instaura la incertidumbre que ubica al adulto mayor en posiciones subjetivas nostalgiosas de lo pasado. Esto genera en la persona mayor una angustia existencial que añora lo perdido y que lo extravía del tiempo presente en la búsqueda de lo irrecuperable, sin la iniciativa de rescatar-se de aquello que se ha sido;

en que todo tiempo pasado fue mejor. Se produce así un desánimo que desalienta la iniciativa de ser fiel a lo que se es y mengua la perseverancia para sostener el deseo de continuar explorando lo que depara el acontecer temporal.

En los mayores de 75 y más años el apuntalamiento profundiza su carácter extrínseco, pues existe un pleno reconocimiento de lo perecedero del ser en el acontecer temporal; por lo que se busca motivos externos que revitalicen y renueven los motivos e intereses para sostener la voluntad de autodeterminar-se en la elaboración de un ideal que adquiere dimensiones de cotidianeidad.

Continuidad versus estancamiento: sabiduría

Estas cualidades básicas están presentes predominantemente en el aprendizaje significado como proceso de autocomprensión. La continuidad es una cualidad básica que adquiere connotaciones introspectivas mediante la cual el adulto mayor se otorga la oportunidad para generar y gestionar procesos de autocomprensión de las inscripciones que ha dejado sobre su existencia el acontecer temporal. Estos procesos introspectivos conectan al mayor con una intimidad respecto del reconocimiento de sí, en una re-visión que pone en perspectiva aquello cristalizado en sus esquemas de percepción. La continuidad permite dinamizar los esquematismos psicoafectivos y sociovinculares, mediante la puesta en cuestión de las cosmovisiones elaboradas por el mayor en experiencias pretéritas. La continuidad genera en el mayor una actitud de apertura para observarse y objetivarse a través de los cambios; lo que le permite realizar acciones de reconocimiento, reorientación y restitución de las condiciones parciales propias de la necesidad de autorrealización. La experiencia de madurez se abre a la continuidad de seguir expandiendo los horizontes del seguir siendo/estando en la vida, a partir de una mirada renovada que permita re-editar las visiones/versiones de lo sido y re-definir los ideales de lo que se anhela ser.

Sin embargo, la continuidad tiene su opuesto complementario que está representado por la cualidad básica del estancamiento que amenaza con irrumpir sobre la circulación del despliegue del desarrollo. El estancamiento promueve en el mayor experiencias de autoaislamiento, que no representan modos de contacto creativos consigo mismo; sino por el contrario, constituyen expresiones de desánimo y desdén de la confianza ilusionante de lo que se avecina en lo por-venir. El estancamiento genera en el adulto mayor sensaciones de profunda soledad y sentimientos de desvalimiento respecto de sus capacidades para tomar contacto consigo mismo y con los otros; lo que puede de-venir en un socavamiento de la autonomía e independencia.

En los mayores de 75 años la continuidad adquiere un carácter extrínseco, a partir de la cual intentan buscar actividades que les permitan no sólo sostener el despliegue de sus procesos de maduración; sino que les ayuden a ubicarse en una posición subjetiva promotora del reconocimiento de sus derechos como integrantes de una comunidad. La continuidad se entrelaza al sentido de pertenencia a un grupo social y a las posibilidades de desplegar procesos de integración e inclusión en proyectos comunales.

La sabiduría es el logro psicosocial que se extrae a las tensiones entre las cualidades básicas de la continuidad y el estancamiento, y consiste en una posición subjetiva que integra y articula versiones/ visiones de sí mismo que son paradójicas. En esta integración el adulto mayor alinea lo que piensa que siente, siente lo que piensa y puede responder por sí en un hacer que lo represente en su pensar y sentir. La sabiduría le permite al adulto mayor saber-se/sentir-se a sí mismo, siendo/estando idéntico en la continuidad de sus cambios.

Aprendizaje, adquisiciones psicosociales y desarrollo en la vejez

Estas cualidades básicas y sus opuestos complementarios se encuentran atravesadas entre sí y adquieren diferentes matices en los variados posicionamientos subjetivos que expresan los adultos mayores acerca del aprendizaje. Las adquisiciones psicosociales que se derivan de la resolución de las tensiones de las cualidades básicas, es decir la competencia, la voluntad, la fidelidad, la finalidad y la sabiduría son las que sostienen el trabajo de complejización psíquica de las personas mayores. En pos de sostener-se competentes los adultos mayores ponen en movimiento su voluntad para emprender acciones intencionales que re-fuercen e incentiven el compromiso de fidelidad consigo mismos. Mediante estas acciones afianzan la finalidad y sostienen la causa de la vitalidad de su deseo que, al servicio de la autoconservación, usa la sabiduría aprehendida en el trabajo de vivir para apuntalar su integridad, mismidad y unicidad. Ese trabajo psíquico apuntala la reelaboración de un ideal personal que facilita la reestructuración del proyecto de vida.

A medida que el sujeto mayor va camino hacia la ancianidad, la cronobiología va experimentando movimientos de repliegue que demandan sostener el corto plazo desde un criterio de realidad que acorta y acerca la perspectiva de la mirada prospectiva. Atravesar el día a día se constituye en un logro y en la causa que ocupa el movimiento de despliegue de la energía vital.

En la ancianidad la necesidad se alinea con el deseo y lo que se desea es lo básico de lo necesario para vivir. Las puertas de lo perecedero se encuentran habilitadas para ingresar de un momento a otro. Por ello en la ancianidad el trabajo de adaptación por optimización selectiva consiste en un movimiento de compensación que intenta sostener la sutileza del balance de pérdidas y ganancias. En el camino de la vida el anciano se ha encontrado con pérdidas diversas y, la vitalidad que ha sobrevivido de sí en sus pesares, se encuentra sostenida en la confianza básica y en las fuentes específicas que animan la espera y la esperanza de la autorrealización del ser en su sentido de trascendencia.

Para vivir y hacer frente a todos estos obstáculos y pérdidas (...) tenemos un pie firme en el que apoyarnos. Desde el principio se nos ha dado una confianza básica. Sin ella la vida es imposible y con ella hemos resistido. Nos ha acompañado como una fuerza permanente y nos ha alentado con la esperanza. Cualesquiera que sean o que hayan sido las fuentes específicas de nuestra confianza básica, y al margen de cuán peligrosamente se haya puesto a prueba la esperanza, ésta no nos ha abandonado nunca completamente. La vida sin ella es simplemente impensable. Si tenemos todavía la intensidad de ser y de esperar una mayor gracia e iluminación, tenemos una razón para vivir. (Erikson, 2000:269)

Y de eso se trata el desarrollo, de desplegar aquello que está replegado; de llevar al acto aquello que se encuentra contenido en la potencia, de poner de manifiesto algo que se encuentra en estado de latencia. No obstante, el desarrollo requiere que se generen condiciones internas y externas de mutua interdependencia, de tal modo que no es posible desplegar lo que se encuentra replegado a tirones; sino a través de un trabajo interno que equilibre compensadamente y estire cada tramo del contenido que se encuentra plegado en el continente. En eso consiste el balance de pérdidas y ganancias, en un proceso que intenta ubicar las discontinuidades en los horizontes de la continuidad; que reubica lo desacomodado en lugares habilitados para que quepa lo nuevo; en realizar un trabajo al servicio de la integración a partir de fragmentos que se encuentran desacoplados de sus encastres.

El combustible no sirve de mucho si no hace combustión. La vida es combustión, es movimiento interno/externo de implosión, explosión y propulsión. Lo que anima al ser siendo en la vejez son los intentos sustentados en las adquisiciones psicosociales de la confianza básica, la espera paciente y la esperanza que se ponen en juego a través de los movimientos de la energía creativa. Esta intenta "ligar", unir, crear, dar significación y sentido al ser en sus diversos modos de estar; aprehendiéndose a sí mismo en los itinerarios y trayectos que le permiten sostener su integridad e historicidad bio-gráfica. Es decir, el Yo se inscribe, escribe, re-escribe, transcribe y traduce en las coordenadas temporales de la vida a través de las narraciones de sí mismo y de las narraciones de los otros que ocupan el campo social. Y el tiempo cae sobre la vida que corre: algo de lo que pasa queda; algo de lo ido retorna, y algo de lo no sido se difiere en el anhelo.

Para sostener su autonomía, su sentimiento de valía y la percepción de autoeficacia, el adulto mayor tiene que ser lo suficientemente inteligente para poder transitar por las diferentes crisis del desarrollo y las crisis accidentales, sin dejar restos de sí en cada una de ellas. Sostener la integridad yoica en la vejez no es un trabajo psíquico fácil, pues supone salir de los desgarros que el trabajo del diario vivir propone e (im)pone a las condiciones materiales de existencia.

Emerger de las pérdidas con un proyecto renovado de existencia es la tarea. La acción de aprender de lo experimentado vivencialmente le permite al adulto mayor rescatarse de las pérdidas con la intención, voluntad y convicción de que se ha ganado algo e incorporado un nuevo modo de ser, tener, estar y hacer en/con la vida. El aprendizaje contribuye a la exploración de nuevos modos de vitalidad, en las tensiones que plantea el atravesamiento por las desestructuraciones propias de las crisis que amenazan al yo con aniquilarlo y fragmentarlo. Encontrar la oportunidad en la crisis, habituarse al cambio, descentrarse de los puntos de apoyo y apoyarse en otros, es un trabajo psíquico artesanal para el cual el Yo no puede seguir ni sus propias recetas.

El Yo de un sujeto envejecido conserva huellas de los trazos e itinerarios que en el de-venir de sus procesos de historización han configurado los argumentos vitales, los aprendizajes existenciales y los logros y adquisiciones obtenidos en el trabajo de hacerse siendo, a partir de lo sido y proyectándose en un seré por-venir. Atravesar todos los condicionantes que plantea el curso de la vida no es tarea fácil, supone un trabajo a veces arduo, otras más liviano, otras fluye en el quehacer práctico de la vida cotidiana. Sin embargo, la conquista de la integridad personal requiere de un sujeto consciente y reflexivo de los trayectos seguidos en sus procesos de hacer/se a sí mismo e integrarse en las discontinuidades/rupturas que plantea el cambio, a través de las temporalidades del ser. El trabajo psíquico consiste en hacerse "viejo" con un sentimiento renovado de sí, sustentando la exploración de lo que falta al ser para completarse, no cediendo al espejismo de que se sabe todo y que ya no hay nada para aprender. Ello supone una posición de caminante que sigue recorriéndose en los caminos de la vida.

En los caminos de la vida el Yo va aprehendiendo y aprehendiéndose en los ciclos vitales a través de sus vivencias, de sus luces y sombras, de sus recorridos esperables y anticipables y de sus misterios. El registro que realiza el Yo de los ciclos de la vida tiene que ver con el trabajo inédito que el adulto mayor realiza para construir los sustentos de su autodeterminación, las bases de su confianza básica, los pilares de la espera, y los ideales y fantasías de permanencia a través de la trascendencia.

Quizás, los ciclos de la vejez y la ancianidad hayan sido inteligentemente invisibilizados del acontecer de la psicología evolutiva o visibilizados desde una perspectiva biologicista que los impregnaban de deterioro, declinación y muerte. Es que la vida es una espiral en la que en alguno de sus recorridos, ciertos puntos de llegada se tocan con los puntos de partida. La vida es un de-venir inacabado que reclama por ubicar dentro del sentido, la significación y la creencia ciertos puntos que estructuran las tensiones que sostienen al Yo en su integridad y en sus anhelos de continuidad, más allá de las contrariedades que la finitud plantea a lo vital.

La vejez ajena es el espejo en donde se elabora la propia vejez. Más allá de los maquillajes y estereotipos culturales acerca del cuerpo, la estética y la imagen, lo que mueve el trabajo de vivir son los garantes internos a través de los cuales se asientan las bases en la que se con-forma la identidad: las primeras imágenes de los personajes que han servido de modelos de identificación, quienes han realizado sus tareas de cuidado, de transmisión de la cultura, quienes han ocupado una posición de función en la conformación subjetiva de valores, creencias, saberes e ideales. Con sus pautas de crianza, con sus posibilidades e imposibilidades, con sus aprendizajes más o menos saboreados, con sus temores y por qué no con su testimonio hecho vida en su experiencia práctica.

En el Yo, en tanto síntesis, conviven todos los ciclos de la vida. En el interior de un adulto mayor habita un niño que se cobija de la intemperie en los aleros de las personas que han realizado la función de paternaje/maternaje. Esto si ha tenido la "suerte" de que en el reparto le hayan tocado padres contenedores, reaseguradores, de quienes se ha extraído algún aprendizaje con valencia positiva. El retrato que el Yo va realizando de sí en la vejez y la ancianidad, tiene que ver más que con lo real de la experiencia de vida, con el balance de pérdidas y ganancias que el sujeto mayor realiza. Los esbozos del retrato están hechos ya no sobre los hechos materiales de los últimos momentos, sino con el collar que amalgama los hechos de los itinerarios de su contacto humanizante que conectan "el cuidado", "el cuidar de", "el preocuparse por" en tanto productos de sus posiciones funcionales dentro de un campo social.

Y aquí radica la maravilla del trabajo del Yo que continúa desplegándose en la vejez. Mediante el proceso de resignificación de su identidad -propiciado y sostenido en los dispositivos socio-culturales- el adulto mayor puede re-crearse a sí mismo en esbozos que retratan más que apariencias copiables desde un afuera, imprimiendo sus marcas, reconociendo sus huellas y revisando aquellas improntas que no pueden verse (que son invisibles a los ojos), pero que se hacen visibles en el contacto de la mirada, la palabra, la escucha, la presencia…El Yo narra, no describe el retrato de los acontecimientos tal cual han acontecido, sino que recrea una historia, metaforiza una experiencia, le imprime sus propios anhelos que trasmutan ciertas realidades y les va dejando un final abierto.

Aprendizaje y resignificación identitaria en la vejez

Existe una relación de mutua interdependencia entre los procesos de aprendizaje, la re-significación identitaria y el desarrollo personal en las edades avanzadas de la vida. Mediante el aprendizaje el sujeto mayor no sólo incorpora nuevos conocimientos sino que "remueve" sus esquemas de autopercepción y selecciona en su proceso como aprendiente conocimientos, habilidades, destrezas y competencias que necesita para ampliar, modificar, transformar, desarrollar y/o apuntalar su integridad.

Este proceso de aprender implica la realización de acciones subjetivas y subjetivantes complejas, que exceden la instrumentalidad de lo cognitivo y contribuyen a realizar el trabajo psíquico de re-elaboración de los autoconceptos, de reformulación de las teorías del sí mismo, del afianzamiento de los sentimientos de autoeficacia respecto a la resolución de situaciones que se presentan como dilemáticas y de la mejora de la autopercepción de los sentimientos de valía, en relación al autocontrol de las propias posibilidades para enfrentar, afrontar y resolver cuestiones existenciales que se presentan en el continuo trabajo de vivir.

En el trabajo de aprendizaje que realizan los adultos mayores se realiza el proceso de complejización del psiquismo, lo que les permite sostener la subjetividad como sujeto de representación, mediante la movilización del deseo que demanda la satisfacción de la necesidad de autorrealización expansiva; deseo que opera sobre el despliegue de las propias posibilidades del ser para hacer-se a sí mismo en el acto de estar siendo. Esto re-afirma el Yo en sus procesos de historización, lo cual es una condición necesaria para que el sujeto mayor se ubique como el proyecto inacabado de sí mismo.

El trabajo de complejización psíquica que realiza el adulto mayor se sustenta en su identidad personal, la que se encuentra imbricada en una identidad social de pertenencia. Mediante los procesos de aprendizaje el adulto mayor realiza complejas acciones de re-significación identitaria. A partir de ellos interpela la síntesis e integración que tiene de sí y pone en movimiento, desde una conciencia reflexiva, acciones de re-visión que desacomodan y reordenan los modos de mirar las visiones y versiones en las que se asientan las narraciones que dan cuenta del sentido de permanencia de su Yo.

Los procesos de re-significación identitaria son solidarios con los procesos de aprendizaje que realiza el adulto mayor. El aprendizaje deviene en una herramienta que permite operar sobre el despliegue del desarrollo personal, entendido como el trabajo subjetivo de especialización de las capacidades adaptativas. Mediante ellas el sujeto realiza transacciones entre los recursos personales, las situaciones se presentan como conflictivas y los procesos de optimización selectiva por los que se ponen en movimiento procesos de autorregulación tendientes a desplegar mecanismos de compensación que contribuyan a realizar el balance de pérdidas y ganancias. El desarrollo personal le permite al sujeto mayor potenciar aquellos procesos de potencialidad intrasubjetiva, tendientes a la renovación de sus recursos adaptativos.

Los sujetos mayores emprenden trabajos de aprendizaje, procesos de re-significación identitaria y movimientos de despliegue/ repliegue de su desarrollo personal, de acuerdo a los modos prácticos de resolución que configuran sus procesos de elaboración psíquica. Cada sujeto contiene en sí una serie de repertorios de recursos con los que enfrenta, afronta y resuelve las situaciones que le presenta el trabajo del diario vivir. Este repertorio de recursos intrapsíquicos pueden especializar-se en su optimización selectiva, pero en concordancia con la estructura de la personalidad singular y subjetiva. Con esto se quiere decir que existen patrones, perfiles y estilos de gestión de los cambios que se producen en el envejecer; los mismos poseen cierta consistencia en cada sujeto respecto de sus procesos de complejización psíquica y sostienen la idiosincrasia subjetiva en sus condiciones de unicidad, mismidad e identidad personal.

Es a través del aprendizaje -como tarea existencial y experiencia auto-regulada de transformación personal- que los adultos mayores experimentan la resignificación de su identidad personal y social. No obstante, el aprender como tarea de humanización y complejización psíquica que continúa en la vejez, supone una acción que sigue, de un modo no determinista, itinerarios flexibles y dinámicos que pueden ser recorridos de formas novedosas. En tal sentido, los dispositivos gerontológicos socio-educativos representan un techo que proteje y cobija a los adultos mayores, ofreciéndoles recursos que les permitan adquirir poder sobre sí mismos y sobre sus entornos.

Capítulo 6

APRENDIZAJE A LO LARGO DE LA VIDA Y EDUCACIÓN DE ADULTOS MAYORES

Introducción

La educación de los adultos mayores como práctica social institucionalizada y definida por una identidad propia, surge en la década de los setenta. Uno de los desplazamientos producidos en estas cuatro décadas es el pasaje de la noción de Educación Permanente como principio educativo a la de Aprendizaje a lo largo de la vida, como fundamento de esta práctica.

La noción de Aprendizaje a lo largo de la vida aparece cada vez con mayor frecuencia en el discurso institucional de la Educación de Adultos Mayores e incluso en la Educación de Jóvenes y Adultos. Como otras palabras del campo socio-pedagógico este término es usado profusamente sin que esté claramente delimitado su significado y sus alcances prácticos. Educadores, profesionales, técnicos, políticos y adultos mayores, entre otros actores sociales relevantes, refieren al aprendizaje a lo largo de la vida como una muletilla discursiva, restándole así eficacia al significado técnico-académico que esta noción posee. Por otra parte, cuando ponemos en relación este término con diferentes ámbitos, sujetos y problemáticas, sus alcances y significados requieren de variaciones y reinterpretaciones. En este capítulo realizamos un abordaje del aprendizaje a lo largo de la vida, como una noción relevante para la Educación.de Adultos Mayores.

De la Educación Permanente al Aprendizaje a lo largo de la vida

A partir de la década del 70 del siglo pasado, el informe Faure de la UNESCO propuso el concepto de educación permanente como principio de organización de los sistemas educativos. Con ello, habilitó la posibilidad de pensar que las necesidades educativas de los sujetos y las sociedades iban más allá de la escolarización y que los Estados debían procurar, a través de las políticas educativas y sociales, oportunidades de educación para todas las personas en todo su curso vital. En la década de los noventa, el informe Delors titulado La educación encierra un tesoro, propuso el concepto de Educación a lo largo de la vida, como un concepto que pretendió superar el de Educación Permanente.

La noción de la educación a lo largo de la vida, parte del reconocimiento de que la educación debe sustentarse en cuatro pilares concurrentes que en su interacción dan sentido a las instituciones educativas en el marco de las sociedades del conocimiento y de la globalización de la cultura. Esos pilares se basan en una concepción multidimensional del aprendizaje que se estructura en el axioma *aprender a aprender*. Ya no se trata del aprendizaje como adquisición de información, sino del aprendizaje como capacidad para seguir aprendiendo en un contexto de mutaciones del conocimiento, de las relaciones socio-culturales, de las tecnologías y de las instituciones. Desde esa perspectiva, el informe Delors plantea que las dimensiones del aprendizaje a lo largo de la vida son:

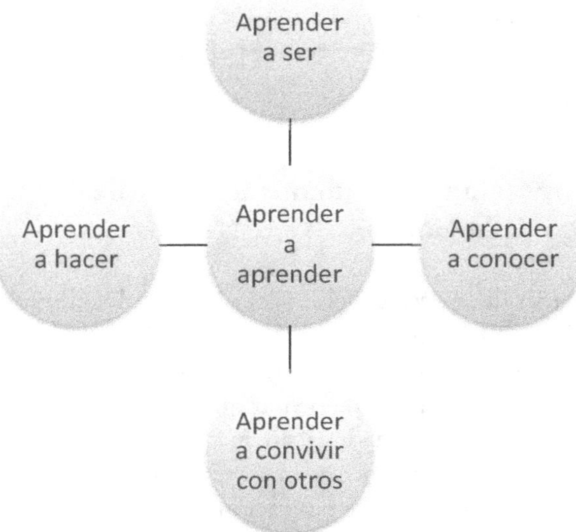

Como puede advertirse el planteo del enfoque del Informe Delors se desplaza desde la educación hacia el aprendizaje a lo largo de la vida. Para este autor, la función de la educación es preparar a las personas de todas las edades, condiciones y contextos a continuar aprendiendo durante toda su vida, a fin de adaptarse a las cambiantes transformaciones del mundo contemporáneo. En el marco de la explosión y dinamismo que registra la producción y circulación del conocimiento en las sociedades contemporáneas, la función trasmisiva de las instituciones educativas aparece colapsada. Si en la educación escolar lo que se aprendía en las edades tempranas de la vida permitía cubrir las necesidades de información requeridas para las funciones más relevantes de la adultez, en el mundo contemporáneo las mutaciones informacionales son tan vertiginosas que más que adquirir información, es necesario desarrollar capacidades para seguir aprendiendo.

El aprendizaje es entendido como la capacidad adaptativa por excelencia de la especie humana. Es decir, que los procesos adaptativos de la especie se basan en el aprendizaje como proceso transformacional de las capacidades, habilidades y destrezas que, una vez adquiridas, pueden ser transmitidas a otros humanos a través de diferentes modalidades y lenguajes. La adaptación es un proceso eminentemente creativo en el que utilizamos los recursos culturales adquiridos en el proceso de socialización, en un entorno de restricciones y desafíos en el que lo heredado es enriquecido y transformado para adecuarse a situaciones contingentes, cambiantes y en constante transformación.

La noción de aprendizaje a lo largo de la vida pretende dejar atrás la concepción del aprendizaje como un proceso lineal y progresivo, focalizado en la infancia y la juventud, y excepcionalmente, en la edad adulta. Por el contrario, se propone inaugurar una concepción que otorga mayor centralidad a los conocimientos experienciales y al protagonismo de los adultos y adultos mayores, reconociendo y valorando un amplio espectro de necesidades de aprendizaje, con independencia de su momento vital y de la manera cómo esos aprendizajes hayan sido logrados.

La noción de aprendizaje a lo largo de la vida implica considerar otros modos y contextos de aprendizaje, que van más allá de los aprendizajes formales que hasta ahora han caracterizado los contextos escolares. Como señala Rosa María Torres (2002), este concepto requiere enfatizar la distinción entre educación/capacitación y aprendizaje. Para la autora "No todo aprendizaje deriva de la educación (actividad organizada e intencional orientada a producir conocimiento), y no toda educación (formal, no-formal, informal) resulta en aprendizaje. El aprendizaje es mucho más amplio que la educación. La educación no es el único medio para el aprendizaje. Mientras que cada persona aprende a lo largo de su vida, porque esto es parte de la condición humana, ningún país podría asegurar educación permanente a todos sus ciudadanos. La noción de aprendizaje –incluso para los educadores de adultos- permanece fuertemente vinculada a programa o institución educativa, clase, libros, exámenes, calificaciones. Aprender a la intemperie, en el hogar, en la comunidad, en el trabajo, a través de los medios de comunicación, con amigos, haciendo, leyendo, escribiendo, observando, reflexionando, discutiendo con otros, resolviendo un problema, usando la computadora y la Internet, en la vida diaria, rara vez se reconoce como aprendizaje.

Como se observa la noción de aprendizaje a lo largo de la vida incluye también aquellos aprendizajes paralelos a los sistemas educativos, como son aquellos que se adquieren en el lugar de trabajo o en organizaciones y grupos de la sociedad; en servicios que ofrecen formación no reconocida formalmente como es el caso de las instituciones religiosas; aquellos que surgen en comunidades de práctica o que son producto de procesos de autoaprendizaje de los sujetos. Incluye también aquellos aprendizajes no intencionados e incluso aquéllos no reconocidos por los propios individuos.

Como principio educativo incorporado a la mayor parte de las legislaciones educativas en las últimas décadas, el aprendizaje a lo largo de la vida es un principio organizativo que debería atravesar a todas las formas de educación (formal, no formal e informal) facilitando la mejor integración e interrelación de sus componentes con el fin de ampliar las oportunidades y contextos de aprendizaje (yendo más allá del contexto escolar). Como premisa axiológica que regula los fines de la educación el aprendizaje a lo largo de vida se basa en la premisa de que el aprendizaje no está confinado a un período específico de la vida, sino que va de la cuna a la tumba (sentido horizontal), considera todos los contextos en los que conviven las personas, como la familia, la comunidad, el trabajo, el estudio y el ocio (sentido vertical) y supone valores humanísticos y democráticos como la emancipación y la inclusión (sentido profundo). Enfatiza el aseguramiento de los aprendizajes relevantes (y no solo la educación) más allá del sistema escolar.

El aprendizaje a lo largo de la vida es definido como toda actividad de aprendizaje adquirido a través de la vida, con el objeto de mejorar los conocimientos, habilidades y competencias, dentro de una perspectiva relacionada con el ámbito personal, cívico, social y del mundo productivo. Esta definición conduce a abordar cuatro dimensiones amplias y complementarias que especifican a nivel operativo sus alcances. Situada en las coordenadas de la educación de adultos mayores, la noción de aprendizaje a lo largo de la vida, requiere atender a las siguientes dimensiones:

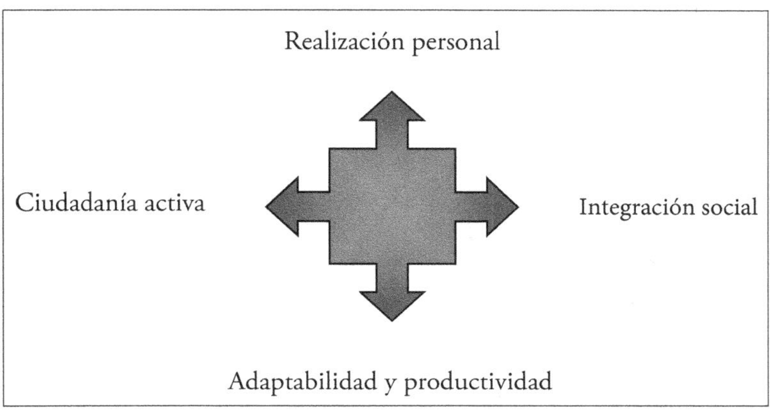

La Comisión Internacional sobre la Educación para el Siglo XXI propuso un conjunto de competencias que los sistemas y experiencias educativas deberían desarrollar en las personas de todas las edades, con el fin de habilitarlas para desenvolverse en un mundo cambiante, plural, fragmentado y diverso (UNESCO, 1996). A partir de los cuatro pilares del aprendizaje a lo largo de la vida, pueden plantearse los propósitos y alcances que esta perspectiva propone.

- Que los sujetos puedan adquirir e incrementar todas las categorías de habilidades, intereses, conocimientos y cualificaciones en todas las edades de la vida. Para ello debe promover el desarrollo de conocimientos y competencias que habilitarán a cada ciudadano para adaptarse a una sociedad basada en el conocimiento y participar activamente en todas las esferas de la vida social y económica, tomando más control de su futuro.

- Valorar todas las formas de aprendizaje, incluyendo el formal, el no formal, el vocacional, el informal y el intergeneracional. Las oportunidades de aprendizaje deben estar disponibles para todos los ciudadanos. En la práctica esto significa que cada ciudadano disponga de caminos o trayectorias de aprendizaje adecuadas a sus necesidades e intereses en todas las etapas de la vida. El contenido del aprendizaje, la manera en que se accede a él y dónde éste tiene lugar, dependen del aprendiente y de sus requerimientos de aprendizaje.

- El aprendizaje permanente representa también una segunda oportunidad para actualizar las habilidades básicas y para ofrecer oportunidades de aprendizaje a niveles más avanzados. Esto significa que el sistema formal de provisión de oportunidades de aprendizaje necesita convertirse en algo más abierto y flexible, verdaderamente personalizado en base a las necesidades de los aprendientes o de un aprendiente potencial definido por sus atributos genéricos (clase, condición social, grupo étnico de pertenencia, condición sexual, etc.).

Educación de adultos mayores y aprendizaje a lo largo de la vida

El campo diverso y heterogéneo de la educación de adultos mayores puede incluirse dentro de las estrategias a través de las cuales se efectiviza el aprendizaje a lo largo de la vida para las personas de edad. Ya en los orígenes de la Gerontología Educativa, Petersen (1978) planteaba la necesidad de desarrollar una educación para la vejez (orientada a la preparación de las generaciones jóvenes con la finalidad de desterrar estereotipos y prejuicios sobre las personas mayores) y una educación en la vejez (orientada a las personas mayores con la finalidad de contribuir a su calidad de vida y favorecer su integración social). La noción de aprendizaje a lo largo de la vida permite articular el campo de la Educación de Adultos Mayores, recuperando la especificidad de los sujetos de su práctica.

En lo que sigue exponemos algunas situaciones dilemáticas que debe afrontar la educación de adultos mayores vista desde la perspectiva del aprendizaje a lo largo de la vida.

I. Una educación para aprender a conocer

El mundo contemporáneo se caracteriza por la explosión de conocimientos y por la veloz circulación e intercambio de ellos a través de las nuevas tecnologías de la información y la comunicación. Vivir y desempeñarse en la Sociedad de la Información y del Conocimiento requiere afrontar el hecho de que vivimos en una sociedad de Aprendizaje Permanente en el que los contextos, los formatos, los lenguajes y los medios de aprendizaje imponen nuevos códigos que es necesario aprender para acceder a la información. La dinámica de generación, innovación y circulación de conocimientos expone a las personas adultas y mayores a situaciones de obsolescencia de sus saberes y recursos para mantenerse integrados y habilitados para el intercambio con los demás.

En ese proceso general asociado a la globalización y la creciente tecnologización de la vida cotidiana, las desigualdades sociales, económicas y culturales de nuestras sociedades latinoamericanas refuerzan las contradicciones y en muchos casos reafirman los desequilibrios. Las posibilidades de los grupos de adultos y ancianos de condiciones sociales más vulnerables (analfabetos, pobres, mujeres, indígenas, campesinos) de "conectarse" a esos flujos de información y conocimiento están limitadas no sólo por sus precarias condiciones actuales, sino por las condiciones inequitativas de su acceso a los bienes sociales en las primeras etapas de su vida. Aún en los bordes de lo social, las nuevas formas de vida, de relaciones sociales y familiares mediadas por la tecnología, van invadiendo el mundo cotidiano y acorralando su cosmovisión, sus tradiciones, sus lenguas y sus modos de estar, hacer, dar sentido y nombrar el mundo.

En el otro extremo, los grupos de adultos y mayores que en otras etapas de su vida han podido acceder a la educación, el trabajo, las tecnologías y los beneficios de la vida urbana cuentan con los medios materiales y simbólicos para mantenerse "conectados", a la vez que sus expectativas y las exigencias de sus contextos ecológicos les imponen el desafío de su actualización para continuar integrados. Sin embargo, los valores (y las prácticas que se derivan de ellos) en las sociedades urbanizadas y modernas, tienen como contracara el aislamiento y la segregación. En consonancia con los valores individualistas de la sociedad de mercado, éstas comprenden (no sin cierto desencanto) que están lanzadas a la conquista de su autonomía, el sostenimiento de su independencia y a aprender a cuidarse a sí mismos ya que las redes sociales de afecto, de ayuda, contención y apoyo se vuelven cada vez más frágiles.

No obstante, el dilema que plantea el acceso de los adultos mayores al flujo de nuevos lenguajes y conocimientos de la sociedad contemporánea no debe formularse unidireccionalmente. Es decir, no podemos pensar que la educación de adultos mayores tiene que contribuir a estrechar las brechas que los mayores tienen en el acceso a los nuevos cuerpos de conocimiento que ofrece y demanda la sociedad de la información. El desafío también es cómo conservar y poner en circulación saberes y conocimientos que los mayores poseen como expertos en el arte de vivir y que pueden ser un recurso valioso para las otras generaciones y la sociedad en su conjunto.

Las acciones educativas comprometidas con el derecho de los adultos mayores al acceso de los bienes culturales, sugiere atender a las necesidades educativas diferenciadas de los grupos de mayores a través de acciones de alfabetización, de formación laboral, de actualización científico-tecnológica y de desarrollo personal. Más allá de los propósitos y finalidades propias de cada oferta educativa, deberíamos propiciar que a través de estas experiencias educativas, las personas mayores puedan enriquecer y ampliar su repertorio cultural y brindarles los conocimientos específicos que estimulen la curiosidad para seguir aprendiendo y desarrollarse en la sociedad del conocimiento.

Parafraseando la idea de Freire podemos afirmar que la educación de las personas mayores tiene que habilitarlas para que puedan leer el mundo en el que les toca vivir y vivenciar su proceso de envejecimiento. Un mundo radicalmente diferente al que han conocido y para el que fueron formados. Un mundo que en su dinamismo transforma las instituciones, los valores, los saberes, los sentidos y las identidades obligando a las personas a actualizarse para que "no se les pase el tren" y "no quedar fuera". Por ello, las experiencias educativas no deben agotarse en acciones instrumentales sino que deben promover el desarrollo del pensamiento crítico y sistémico, contribuyendo a desmitificar la idealización del pasado y a reducir la incertidumbre del futuro.

Aprender a conocer implica también que en nuestras intervenciones educativas con personas mayores se de lugar a la metacognición. El reconocimiento de los propios estilos, recursos y estrategias implicados en el aprendizaje y la exploración de nuevas formas de aprender deben ser un propósito implícito que atraviese todo tipo de propuestas y experiencias educativas orientadas a las personas mayores.

II. Una educación para aprender a hacer

A lo largo de la historia las instituciones y prácticas educativas (formales y no formales) han estado al servicio de la transmisión de saberes y el desarrollo de habilidades, destrezas y capacidades que contribuyen a la concreción de las formas de vida y de realización individual y colectiva. Los cambios contemporáneos en los modos de producción han afectado el significado del trabajo como estructurador de las relaciones sociales y del curso de la vida. Junto con las transformaciones a las que hemos hecho referencia en la sección anterior, éstas han configurado un escenario signado por la incertidumbre y la mutación[2].

En los procesos educativos tradicionales las habilidades y capacidades que se desarrollaban en los procesos formativos de las primeras edades de la vida resultaban suficientes para el desempeño en

---

2 La educación permanente no es ajena a estos procesos de cambio. La sociedad del conocimiento rompe con el paradigma de "un tiempo para estudiar, un tiempo para trabajar, un tiempo para descansar", propio de la sociedad industrial, para reemplazarlo por el aprendizaje continuo que se convierte en una forma de vida. Se reconoce a la vejez como una etapa de la vida en la que se conservan las posibilidades de adquisición de nuevas estructuras de conocimiento, la apropiación de saberes y el disfrute de los escenarios de interacción que propicia la educación. Esto conlleva a que el adulto mayor sea reconocido como un ser humano con capacidad de aprendizaje a lo largo de su vida, aún cuando deba continuar trabajando debido a las desventajas de su inserción en la economía informal. Según el informe del CELADE, es el caso de muchas mujeres latinoamericanas que deben continuar realizando actividades en el sector de servicios sin contar con las contribuciones sociales que las habiliten para el acceso al beneficio de la jubilación. El círculo vicioso de la desventaja y la desigualdad social lleva a las personas mayores con bajos niveles de calificación (e incluso adultas) a las ocupaciones con menores recompensas o directamente a la segregación del mercado laboral.

la vida adulta hasta el retiro. En cambio, el escenario contemporáneo reclama la re-calificación continua y el entrenamiento permanente para asimilar el impacto que produce la mutación de las tecnologías, las técnicas y las formas de producción. Desde esta perspectiva, el desarrollo de competencias para aprender a hacer pareciera no encontrar una fácil aplicación en el campo de la educación de adultos mayores. No obstante, la idea de aprender a hacer va más allá de una concepción utilitarista y pragmática de la educación e incluye el desarrollo de competencias para enfrentar situaciones inesperadas, trabajar en equipo, desenvolverse en diferentes contextos sociales y laborales, y tener la capacidad de emprendimiento. Desde nuestra perspectiva, los enfoques que ligan el aprendizaje a lo largo de la vida con la empleabilidad son reduccionistas, ya que suponen que la principal forma de integración social es el trabajo. Por el contrario, sostenemos que una de las dimensiones que debe sostener el aprendizaje a lo largo de la vida, es la productividad humana, es decir la capacidad de fabricación de valores, bienes materiales e inmateriales a través de los cuales canalizan sus energías creativas y materializan el potencial transformador de sí mismos, de sus entornos comunales y de la sociedad.

Frente a la vulnerabilidad que imponen las inequidades y desigualdades sociales que afectan a los adultos mayores, es posible plantear que la noción de aprendizaje a lo largo de la vida, podría operativizarse en acciones educativas vinculadas a la formación ocupacional; al reciclaje y la recalificación de ocupaciones sujetas a cambios generados por las nuevas tecnologías; a la actualización en el campo de las nuevas tecnologías; a la generación de emprendimientos productivos y de formas asociativas basadas en el aprendizaje colaborativo en comunidades de práctica; y la preparación para la jubilación.

Hasta hace unas décadas atrás se pensaba a los mayores como improductivos y se los denominaba clase pasiva. La vejez era visualizada como un período de descanso y de apartamiento de las obligaciones que impone la vida activa. Hoy en día, las nuevas generaciones de mayores se caracterizan por su actividad y por su interés en sentirse útiles, constructores y contribuyentes a través de sus saberes, habilidades y destrezas, con los destinos de sus comunidades.

La educación de adultos mayores ha ido acompañando estos procesos de transformación cualitativa de las expectativas de las nuevas generaciones de personas mayores y de los ideales que se asocian al buen envejecer. Así, de una concepción bancaria en la que el adulto mayor era considerado un alumno, un recipiente al que se debe continuar llenando de conocimientos; un sujeto pasivo que es "acondicionado" para ajustarse a las presiones ambientales, se ha ido pasando a otra concepción en la que el adulto mayor es un participante que coopera en sus procesos de aprendizaje y que, mediante la educación, desarrolla herramientas que le ayudan a *adaptarse activa y creativamente* a las demandas y desafíos de su contexto ecológico.

En Argentina muchos dispositivos socio-culturales promueven el despliegue de la productividad, mediante la orientación hacia la formación de la persona mayor como productor cultural y como sujetos socialmente útiles y productivos a través del voluntariado o los proyectos intergeneracionales. De ese modo, a los adultos mayores se les reconoce su contribución a la comunidad, a través de los productos de su productividad potenciada y canalizada a través de las propuestas de los dispositivos socio-educativos. Las acciones educativas habilitan a los adultos mayores para desarrollar competencias para identificar y resolver problemas de sus contextos, así como buscar e implementar soluciones acordes con los valores y creencias de la cultura de su comunidad. "Esto conlleva el desarrollo de una actitud proactiva, que desde el hacer, con saber y conciencia, posibilita a las personas fijarse metas, hacer propuestas, desarrollar proyectos y tomar decisiones"(OREALC/UNESCO, 2007:38).

La preparación para aprender a hacer implica también el aprendizaje de formas de gestión y organización de las instituciones sociales con el fin de "aprovechar los recursos del medio y ponerlos al servicio de la comunidad para que sean utilizados de manera sustentable" (Olivé, 2006). Formas de gestión para las cuales es necesario adquirir competencias que capaciten a las personas mayores para hacer frente a situaciones diversas y a trabajar en equipo. La preparación para aprender a hacer, supone habilitar a las personas mayores para ejercer su autonomía, rechazando cualquier forma de paternalismo y de tutelaje institucional o personal.

Desde esta perspectiva deberíamos evaluar si las acciones educativas con personas mayores ofrecen oportunidades para que ellas:

- Desarrollen su capacidad de innovación y potencien su creatividad personal y grupal;
- Desarrollen la capacidad de emprendimiento, liderazgo y de trabajo en equipo;
- Se formen como personas comprometidas con el medioambiente, el desarrollo sustentable y una ética de solidaridad y respeto de derechos.

III. Una educación para aprender a vivir juntos

Nuestra época se caracteriza por el debilitamiento de la capacidad de las instituciones sociales tradicionales de contribuir a la cohesión social y al establecimiento del lazo social. La decadencia de las narrativas nacionales, el debilitamiento de los estados modernos, el relativismo posmoderno, la pérdida de eficacia de los grandes relatos políticos y religiosos, la fragmentación social y el individualismo, son quizás los más importantes acontecimientos que definen el espíritu de nuestra época.

Tiempo en el que las tradiciones, el pasado y los relatos aglutinantes de las identidades colectivas se ven interpelados por la emergencia y la visibilización de las distintas formas que asume la diversidad y la diferencia en las sociedades contemporáneas. Contexto epocal en el que el reconocimiento del derecho a la diferencia y las políticas de atención a la diversidad no son sino el síntoma de las dificultades para aceptar al otro en su diferencia radical. Tiempo social en el que -más allá de los discursos de la diferencia- las instituciones y las prácticas sociales se repliegan cada vez más sobre aquellos considerados iguales o pares (los jóvenes con jóvenes, los enfermos y/o adictos con otros de su misma condición, los de cierta orientación sexual particular con otros semejantes; los mayores con otros de su misma edad, y así sucesivamente).

Nuevas formas de fragmentación, segregación y cercamiento de las relaciones sociales, dan cuenta de la pervivencia de viejas formas de discriminación, el surgimiento de otras nuevas y el perfeccionamiento sutil de formas de desvalorización del otro. Paradójicamente vivimos en un mundo más plural, heterogéneo y diverso que el de nuestros abuelos, pero a la vez estamos más uniformados, homogeneizados y estandarizados a través de los mandatos que imponen las industrias culturales y la dinámica del mercado que nos normaliza como consumidores.

No obstante, mayor pluralidad y reconocimiento de las diferencias no supone un avance en el intercambio, la unidad, la tolerancia y el diálogo. De hecho, las industrias culturales y la lógica del mercado potencian el imaginario binario con el que la cultura occidental piensa y percibe la vejez y a los sujetos que la encarnan. Por un lado, se profundizan y practican nuevas modalidades de viejismo (que remiten a las ideas de deterioro, decadencia, invalidez, pobreza, incapacidad mental y física, aislamiento, soledad, etc.) mientras que por otra se propicia una imagen dorada de la vejez (la etapa de la sabiduría, la cosecha de lo cultivado, el reposo o la exploración ilimitada del continente recientemente descubierto de la longevidad). Esa lógica uniformadora también dificulta nuestra comprensión de que la vejez y el envejecimiento no son fenómenos universales y, por lo tanto, son en sí mismas representantes de lo múltiple y lo diverso. Se trata de vejeces, de trayectorias de envejecimiento, de sentidos y significados del envejecer que poseen una naturaleza singular.

En ese marco la educación de adultos mayores cumpliría una importante función en lo que respecta al desarrollo de competencias para aprender a vivir juntos. Desde una perspectiva socio-histórica debemos reconocer que en nuestras sociedades latinoamericanas, las actuales generaciones de mayores han efectuado el aprendizaje de la vida en sociedad y su formación como ciudadanos bajo el imperio de regímenes autoritarios y la mirada vigilante y opresora de las instituciones de vigilancia social y moral. Por ello, las nuevas formas de construcción de lo social, las formas que asume la moralidad, el compromiso individual y colectivo, la mayor conciencia de la tolerancia al diferente, interpelan la formación ciudadana recibida por los adultos mayores en su infancia y juventud.

En este plano la tarea de la educación de adultos mayores es ardua, en tanto que el enclave institucional en el que se realizaron estos aprendizajes cívicos, políticos y morales fue el dispositivo escolar. Las acciones educativas con adultos mayores debe encarar la deconstrucción de estos imaginarios educativos que estigmatizan la diferencia y que han invisibilizado el potencial de otras expresiones socio-culturales. Es necesario que el campo de la educación de personas mayores ofrezca no sólo una experiencia educativa alternativa, sino que se proponga como una experiencia alterativa de la lógica y los sentidos que el dispositivo escolar de los estados conservadores latinoamericanos ha construido en los sujetos que ha formado en décadas pasadas.

La educación de adultos mayores debería desarrollar competencias que permitan la comprensión y valoración del otro mediante la percepción de las formas de interdependencia y el respeto a los valores del pluralismo, la comprensión mutua y la paz. Un campo de actuación prioritario para las acciones socio-educativas se debería orientar a las relaciones entre las generaciones, la igualdad entre los géneros, el reconocimiento del multiculturalismo y el multilingüismo en la mayoría de los países de Latinoamérica, y la disminución de las formas de discriminación y segregación basadas en las diferencias étnicas, la condición social y la edad.

Para determinar la posición que efectivamente tienen las experiencias educativas con personas mayores respecto al desarrollo de competencias para aprender a vivir juntos, éstas deberían afrontar un proceso de revisión de sus valores e ideologías institucionales, sus metas y destinatarios, sus modos organizativos, etc. cuestionándose acerca de su contribución al sostenimiento de los variados procesos de discriminación o su aporte para el desarrollo de prácticas inclusivas, intergeneracionales y multiculturales.

Para Aprender a vivir juntos es necesario que las prácticas educativas y las experiencias de aprendizaje favorezcan "el desarrollo de una alta capacidad para comprender a las otras personas y percibir las múltiples formas de interdependencia posibles, como la de realizar proyectos comunes y prepararse para tratar adecuadamente los conflictos, respetando los valores del pluralismo, la comprensión mutua y la paz" (UNESCO, 1996). Las propuestas educativas y las estrategias metodológicas tienen un papel clave en tanto que posibilitan el aprendizaje participativo y colaborativo y son capaces de implicar procesos intelectuales en los que los adultos mayores puedan experimentar la relatividad de sus modos de pensar y ver el mundo, puedan contextualizar sus saberes; deconstruir el sentido de sus modos de pensar y accionar sobre la realidad, re-conociendo la incidencia de la trama bio-gráfica y de los condicionantes contextuales; y puedan poner en una relación dialógica y dialéctica sus modos de ver y decir el mundo con los modos diferentes y posibles que los otros ponen a su alcance.

En definitiva, debemos indagar hasta que punto nuestras experiencias educativas con adultos mayores ofrecen alternativas flexibles, adaptaciones curriculares que evidencien un efectivo reconocimiento de la diversidad; e itinerarios formativos que atiendan a la diversidad de vejeces y estrategias participativas y dialógicas.

IV. Una educación para aprender a ser

La última dimensión a través de la cual podemos pensar el sentido y los alcances del aprendizaje de las personas mayores se vincula a la función que tiene la educación en la formación de su identidad. La educación en tanto proceso de humanización siempre se orienta a la formación del individuo y de su subjetividad. Gracias a la operatoria de la educación devenimos y nos sostenemos como sujetos sujetados a un orden social. La educación como experiencia socializadora decanta en el desarrollo de nuestra identidad personal. Una educación para aprender a ser se apoya en la capacidad de las personas para re-conocerse y valorarse a sí mismas y desde sí mismas.

Una educación para aprender a ser supone la capacidad de apropiarse de la educación como un recurso que ayuda a sostener y apuntalar la propia identidad y actuar con creciente capacidad de autonomía, de juicio y de responsabilidad personal en las distintas situaciones de la vida. En una etapa de la vida en la que acosa el fantasma de la pérdida de autonomía, la educación se ofrece como un ideal que apuntala las capacidades y reasegura la confianza en los recursos personales. Por ello, hemos señalado que las experiencias educativas constituyen un espacio transicional que ofrece el apuntalamiento de la identidad y habilita para la exploración de aspectos no conocidos, a la vez que da la posibilidad de experimentar y vivenciar la expansión, el despliegue y el crecimiento interior, en un contexto existencial signado por el fantasma de la declinación y la merma de las capacidades físicas y psíquicas.

El desarrollo de competencias vinculadas a esta dimensión implica que las propuestas educativas de la educación de adultos mayores promuevan el desarrollo de la identidad (personal y colectiva) y la autonomía como capacidad para tomar decisiones orientadas por el sistema de valores que estructuran la filosofía de vida personal, así como para asumir de manera consciente las responsabilidades que emergen de ellas. Una educación de mayores que promueva el aprender a ser, requiere del desarrollo de la capacidad de proyección personal. El espacio de aprendizaje, así como los saberes que se adquieran en él, deben facilitar la elaboración y reformulación del proyecto de vida, comprometiendo a la persona mayor en la tarea de imaginar, diseñar y ejecutar una vejez deseable para sí.

Los cambios cualitativos de la vejez y los desafíos de la longevidad hacen que el trabajo psicosocial de formular un proyecto vital en las edades avanzadas de la vida, sea una tarea artesanal, ya que los modelos identificatorios para este ciclo del curso vital están en proceso de formación. Más allá de los efectos vicarios que generan las intervenciones educativas, debemos plantear hasta que punto nuestras propuestas y prácticas educativas se orientan al sostenimiento de la autoestima, la confianza, la toma real de decisiones y la modificación de los autoconceptos. No menos importante sería verificar el equilibrio de nuestras estrategias metodológicas en la expresión de la vida emocional, la vida intelectual y la calidad y calidez de los modos de interacción e intercambio con los demás. Aprender a ser requiere explorar la propia zona de desarrollo potencial, tarea que supone la posibilidad de que un otro ofrezca nuevas perspectivas y motorice el deseo de atravesar los confines de lo conocido. Experimentar en la zona de desarrollo potencial supone empatizar con el otro, ponerse en el lugar del otro y ser capaz de fundamentar y asumir las propias opciones morales.

A modo de cierre

En el desarrollo de este capítulo hemos expuesto suscintamente los alcances de la noción de aprendizaje a lo largo de la vida y hemos identificado cuatro dimensiones de análisis que nos permitirían reformular los sentidos del campo de la educación de adultos mayores. Nuestra propuesta ha sido tensionar los conceptos genéricos propuestos por la UNESCO y utilizarlos para repensar nuestras prácticas, situadas en contextos socio-políticos-culturales específicos. Compartimos el análisis que efectúa Torres Reyes (2007) sobre las transformaciones que ha experimentado en la actualidad el concepto de Educación Permanente. Justamente, el germen del dispositivo fundante de la educación de adultos mayores se nutrió de este concepto para legitimarse como una propuesta necesaria y válida. Pese a su imprecisión y a su debilidad ideológica, la Educación Permanente como utopía política y educativa inspiró el movimiento de la educación de mayores y contribuyó a su reconocimiento como uno de los principales fenómenos pedagógicos del siglo XX.

Al igual que las personas y las sociedades, las ideas también son atravesadas por el tiempo y son transformadas. Las ideas también envejecen y se hace necesario examinar y ampliar sus significados para que sigan teniendo sentido y sean eficaces para nombrar y hacer el mundo. Refiriéndose a la necesidad de que la Educación Permanente deje de ser una mención formal en las declaraciones de las políticas educativas y reclamando efectivas políticas que promuevan el aprendizaje a lo largo de la vida, Torres Reyes, señala con meridiana claridad los desafíos y contradicciones que debe enfrentar cualquier tipo de propuesta educativa que se apoye en este ideal. Dice la autora:

"Es de aclarar, que el aprendizaje no se soslaya exclusivamente al ámbito académico, también se extiende a los ámbitos culturales, recreativos y en últimas de convivencia ciudadana en sus esferas: personal, familiar y social. Por lo tanto una política de Educación Permanente debería partir de las diferentes necesidades de cada uno de los grupos poblacionales y responder a sus intereses. Encasillar la educación permanente en un proceso que involucre

sólo el desarrollo de competencias académicas y/o laborales, sería ir contravía de los procesos sociales que indican la necesidad de humanizar procesos, de rescatar valores, de reconciliar las fronteras invisibles que defienden las culturas locales en un mundo globalizado.

El ser humano observa un horizonte de oportunidades que se abre frente a él, ahora es consciente que un movimiento en un extremo opuesto del planeta también le involucra, en una economía globalizada cualquier aleteo de alas puede formar huracanes. El ser humano de la sociedad del conocimiento paradójicamente posee más tiempo para socializarse, pero menos habilidades para hacerlo; con el teletrabajo tendrá menos posibilidad de interactuar en escenarios sociales y más tiempo para estar consigo mismo, por tanto la educación permanente también debería tener en cuenta los procesos de desarrollo personal que enfrenta en la actualidad el adulto, no sólo en cuanto a sus competencias sociales, académicas y/o laborales, sino también en cuanto a sus competencias personales. En conclusión, la sociedad del conocimiento establece para la educación la necesidad de una vuelta" (2007:4)

Capítulo 7

PERSPECTIVAS Y ENFOQUES PRÁCTICOS
SOBRE EL APRENDIZAJE

Introducción

En capítulos anteriores hemos apuntado que en los últimos años se ha producido un cambio en el modo en que el campo científico aborda el aprendizaje en el Curso de la Vida. Ese cambio es producto de lo que muchos autores denominan un pasaje desde un paradigma educativo centrado en la enseñanza hacia un paradigma centrado en el aprendizaje. Estamos frente a un cambio del enfoque general desde el cual se consideran los procesos educativos.

En la primera parte de capítulo realizamos una caracterización de los principales aspectos que involucra el posicionamiento en el paradigma del aprendizaje. En la segunda parte, planteamos algunos de los enfoques actuales para pensar el aprendizaje en la adultez y la vejez. En concreto abordaremos distintos enfoques sobre el aprendizaje que permiten orientar las intervenciones psico-socio-educativas, orientadas a públicos múltiples y diversos, con necesidades y recursos para aprender heterogéneos.

Escenas de un cambio de época: del paradigma de la enseñanza al del aprendizaje

Como venimos señalando los procesos e instituciones educativas están siendo fuertemente redefinidos en función de los cambios socio-culturales y del perfil de los nuevos sujetos que se incorporan a los dispositivos y agencias socio-educativas. Por ello, es necesario re-mover las matrices en las que fuimos formateados y que obstaculizan la comprensión de los alcances de la noción de aprendizaje permanente a lo largo de la vida; marco político-ideológico que contiene alternativas metodológicas para pensar y hacer la educación de los adultos mayores.

Desde su invención como dispositivo de disciplinamiento social, la escuela capturó y disciplinó nuestras ideas acerca del aprendizaje. Por ello, el imaginario social sostiene la equivalencia entre aprendizaje y aprendizaje escolar. En el marco que impone la institucionalización de la noción de aprendizaje a lo largo de la vida, la institucionalidad escolar tradicional es interpelada y se demadan enfoques innovadores para pensar el aprendizaje.

El pasaje del paradigma de la enseñanza hacia el paradigma del aprendizaje, pone en tensión la misión y propósitos de las tradicionales instituciones educativas en sus diferentes variantes. Así, la razón de ser de los dispositivos educativos, concebidos como espacios formativos, es producir aprendizaje. Es decir que la responsabilidad social de la institución, aquello que le da sentido, es la producción de aprendizajes para todos y entre todos.

El eje de la práctica ya no es la transferencia de conocimientos por parte de los expertos (maestros, profesores, talleristas) a los estudiantes, sino que ésta consiste en fomentar en los aprendientes la realización de procesos de descubrimiento y construcción de conocimientos.

Las dinámicas institucionales no se articulan únicamente a través de una educación reglada, secuenciada, progresiva y programada que se despliega en el espacio homogéneo y "universal" del aula, sino que se concentran en la creación de entornos de aprendizaje que pueden adoptar diferentes formatos, proponer múltiples recursos y ofrecer respuestas flexibles a las necesidades de los aprendientes. Se plantea como propósito institucional la mejora de la calidad de los aprendizajes, reconociendo la multicausalidad de factores, condiciones y restricciones (sociales, institucionales, pedagógicos, de los sujetos, etc.) que los condicionan.

El reconocimiento de la diversidad y la heterogeneidad de las trayectorias biográficas de los sujetos envejecidos, moviliza la búsqueda de estrategias que posibiliten el éxito de aprendientes muy diversos, con necesidades educativas diferenciadas y aspiraciones de realización personal y social variadas.

El cambio de paradigma educativo involucra directamente a las teorías del aprendizaje que dan sustento a la acción educadora. No se trata solamente de lo que ellas ofrecen como base de sustentación teórica que explica el aprendizaje, sino en posiciones diferentes acerca de él. Para el paradigma del aprendizaje el conocimiento no existe afuera de los sujetos (sean aprendientes o educadores) ni el conocimiento es un objeto que es procesado a través de un método determinado, en función de los resultados que se quieren lograr en los sujetos. Por el contrario, el conocimiento existe en la mente de las personas y se construye en base a las experiencias interactivas de los sujetos con los cuerpos de conocimientos experienciales y académicos.

Para la visión tradicional el conocimiento se presenta en trozos que los docentes, talleristas o educadores suministran/administran a los estudiantes. Para el enfoque del aprendizaje el conocimiento es una conquista de los sujetos, ellos son quienes lo construyen, lo crean y recrean. El aprendizaje es un proceso constructivo que se produce en el entramado de un marco de referencia interactivo. Ello supone que el aprendizaje depende de los participantes, quienes se definen por su posición activa y la autorregulación de sus metas y procesos formativos.

El cambio de paradigma se refleja también en los modos de estructurar el aprendizaje, es decir en el modo en que se articulan los diferentes vectores que definen las situaciones de enseñanza. Uno de los aspectos que es transformado por la perspectiva del aprendizaje es el relacionado al tiempo como estructurador de la práctica educadora. Mientras que en el modelo tradicional centrado en la enseñanza, el tiempo se considera constante (homogéneo y objetivo) y el aprendizaje es variable (especialmente entre los sujetos y sus logros) en el paradigma del aprendizaje este se considera constante y el tiempo variable (es decir heterogéneo y subjetivo).

La clase ya no es la unidad estructural de la enseñanza, con un tiempo y unos resultados esperables pre-definidos e invariables sino que se trata de dar forma a dispositivos que operan como entornos de aprendizaje que son configuraciones flexibles y maleables que se ajustan a los fines, medios, condiciones, restricciones y oportunidades. El educador o tallerista es un mediador cultural capaz de gestionar, crear y recrear entornos que produzcan diferentes experiencias de aprendizaje. Estas experiencias deben orientarse al despliegue de procesos por los cuales los sujetos comprenden estructuras conceptuales y habilidades reflexivas que los habilitan para seguir aprendiendo. La enseñanza es una configuración de carácter interactiva, holística y comprensiva que se referencia en el contexto, se estructura en las matrices de conocimiento disciplinar y se utiliza como herramienta para habilitar la lectura del mundo por parte de los sujetos que habitan esos entornos de aprendizaje.

El enfoque del aprendizaje experiencial

La teoría del aprendizaje experiencial fue desarrollada por David Kolb, basándose en las ideas de John Dewey y Kurt Lewin. Su teoría es una perspectiva holística que integra experiencia, percepción, cognición y conducta. Para él, el aprendizaje es el proceso por el cual la experiencia es transformada en conocimiento. La teoría propone cuatro estadios o momentos por los que se debe atravesar para que se produzca aprendizaje experiencial. El siguiente gráfico representa los cuatro momentos y las acciones cognitivas y procedimentales que el sujeto debe efectuar en cada uno de ellos.

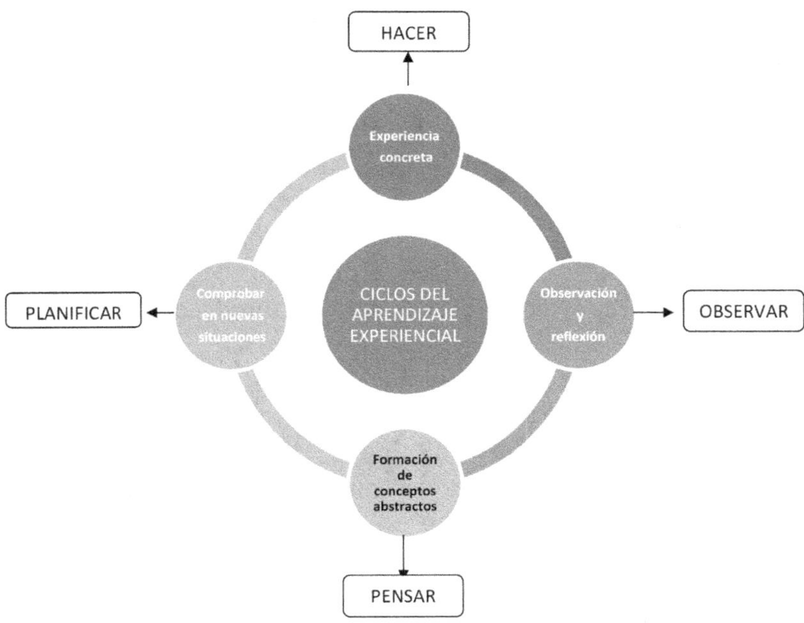

Esta teoría tiene una fuerte orientación pragmática, es decir parte del supuesto de que no se puede aprender aquello que no se experimenta, por lo que otorga un lugar importante a la acción y la manipulación del objeto de conocimiento bajo la forma de ejercicios, problemas, experimentos, etc. Asimismo, el abordaje pedagógico toma el modelo científico y por ello otorga un lugar importante a la observación de la realidad, la obtención de datos y la elaboración de conclusiones que, a través de un proceso inductivo llevarán al sujeto a formar conceptos abstractos, los que luego deberán poner a prueba o aplicar en nuevas situaciones o a otros objetos diferentes.

La experiencia concreta es cuando el aprendiente activamente experimenta una realidad o fenómeno a través de acciones tales como realizar registros narrativos, efectuar tareas de trabajo de campo propias del tipo de conocimiento que se pretende adquirir, el análisis de un registro fílmico, la ejercitación de una tarea utilizando las tecnologías de la información y la comunicación o de una destreza física o etc.

La observación reflexiva se produce cuando el aprendiz reflexiona retrospectivamente de forma conciente acerca de lo que aconteció en la experiencia. Podría pensarse que esta acción tiene dos dimensiones; una de ellas orientada a los aspectos metacognitivos (en las que el sujeto pueda reflexionar acerca de cómo aprende, cuáles son los recursos y procesos cognitivos que implica en la tarea) y a los aspectos movilizados a nivel emocional y de los esquemas de conocimientos previos.

La conceptualización abstracta se produce cuando el aprendiente intenta conceptualizar una teoría o modelo de lo que ha observado. Aquí es importante resaltar que el énfasis se pone en las elaboraciones e interpretaciones que realiza el sujeto y no en imponerles el "modelo del conocimiento disciplinado". En otras palabras, más que llegar al modelo correcto, de lo que se trata en este estadio es de promover en los aprendices diferentes formas de razonamiento que les permitan elaborar conceptos o ideas más generales acerca de lo que han experimentado.

La etapa de experimentación activa es cuando el aprendiz intenta poner a prueba o testear el modelo en otras situaciones para ello debe transferir a situaciones de la vida real los conocimientos adquiridos y ensayar nuevas interpretaciones o nuevos modos de transformación de ellas.

El autor sostiene que la instrumentación pedagógica de este enfoque, puede comenzar por cualquiera de las actividades cognitivas, para luego continuar con las siguientes hasta completar todas.

El enfoque dialógico de Freire

La perspectiva teórica y la referencia ético-política de Freire es fuente de inspiración para los educadores y teóricos de la educación implicados en los procesos de transformación de la vida social. Sus experiencias internacionales en la alfabetización de adultos y campesinos, lo llevaron a formular una teoría pedagógica que en las décadas siguientes revisaría y reformularía para dar cabida a nuevas ideas elaboradas a partir de sus encuentros y prácticas militantes en diferentes contextos. Si bien se reconoce su legado en el campo de la educación de adultos y especialmente en el campo de la alfabetización, muchas veces se plantea el problema acerca de cómo se operativiza su teoría, como se la "traslada" a otros ámbitos educativos. En lo que sigue vamos a desarrollar algunas ideas que estructuran la perspectiva pedagógica de Freire, conocida bajo diferentes nombres, tales como pedagogía del diálogo, pedagogía de la pregunta o pedagogía problematizadora.

La perspectiva de Freire se apoya en una concepción del educador como un crítico social, es decir de un sujeto con compromiso ético-político que utiliza las herramientas de la crítica para **problematizar la realidad**, para **buscar alternativas** superadoras de aquello establecido (que produce activamente injusticias y desigualdades); y para **construir herramientas alterativas** a partir del poder colectivo. Debe destacarse el carácter dialéctico del método freireano, es decir, que se construye articulando teoría y práctica y surge a partir de la reflexión sobre la práctica. El método obedece a la intención más profunda de contribuir a la generación de conciencia y la capacidad de "leer su mundo".

La propuesta de Freire es la **Educación Problematizadora** que niega el sistema unidireccional propuesto por la Educación bancaria ya que da existencia a una comunicación de ida y vuelta, y elimina la contradicción entre educadores y educandos. Ambos, educador y educandos, se educan entre sí mientras se establece un diálogo en el cual tiene lugar el proceso educativo. Con la Educación Problematizadora se apunta claramente hacia la liberación y la independencia, pues destruye la pasividad del educando y lo incita a la búsqueda de la transformación de la realidad, en la que opresor y oprimido encontrarán la liberación humanizándose.

A su pedagogía también se la identifica con el diálogo, lo que implica reconocer la centralidad de la palabra en el acto educativo. No hay educación posible sin la mediación dialógica de la palabra. Ella permite entender el sentido profundamente político de esta pedagogía, ya que el uso dialógico de la palabra permite prefigurar una relación social no dominadora.

Recordemos que uno de los principios de la obra de Freire es el de la horizontalidad del educador y el educando; reproducimos la concepción bancaria en tanto no asumimos que la horizontalidad significa renunciar a la jerarquía y superioridad supuesta del educador. Por otra parte, la noción de diá-logo no debe confundirse con conversación, sino que posee un sentido más profundo, que remite a un inter-cambio de lógicas (lo que nos lleva nuevamente a la noción de interculturalidad). La práctica del diálogo, es práctica del respeto a las posiciones de los otros y práctica de la democracia.

En ese sentido, el uso comunicativo del lenguaje y la palabra en los procesos educativos da su sentido más auténtico a la educación como "práctica política". La idea de diálogo implica mucho más que una persona actuando sobre otra, sino que la gente trabaja con cada otro. Freire está interesado en la praxis (acción que es informada y relacionada a ciertos valores). El diálogo en sí mismo es una actividad cooperativa. El proceso es importante y puede ser visto como la construcción de capital social para conducir a los sujetos a actuar en formas que construyan la justicia y el desarrollo humano.

Entre los supuestos más relevantes de su método podemos referir la importancia que tiene en los procesos educativos el conocimiento del aprendiente y de su contexto; la preocupación por convertirlo en sujeto de diálogo y re-creador del conocimiento.

El enfoque de las comunidades de práctica

Para Ettiene Wenger, autora de este abordaje, el aprendizaje es central en la identidad humana. El aprendizaje es entendido como participación social, esto es, considera al sujeto como un activo participante en las prácticas de las comunidades sociales, y en la construcción de su identidad a través de esas comunidades. Las personas continuamente crean su identidad compartida a través del involucramiento y contribución a las prácticas de su comunidad. La motivación para llegar a ser un participante con protagonismo en la comunidad de práctica provee un poderoso incentivo para el aprendizaje.

Una comunidad de aprendizaje es "un grupo de personas que comparte un interés o una pasión por alguna cosa que hacen y aprenden cómo hacerlo mejor a través de la interacción entre ellos. Para que haya una comunidad de práctica se requieren tres componentes: un campo de interés, la comunidad y la práctica. Las personas ven estas comunidades como maneras de promover la innovación, desarrollar el capital social, facilitar y difundir conocimientos dentro de un grupo o desplegar conocimientos tácitos existentes dentro del grupo.

Las comunidades de práctica pueden ser definidas en parte como un proceso de aprendizaje social que ocurre cuando las personas tienen un interés común en un tema o área y colaboran más allá de un período de tiempo, compartiendo, ideas y estrategias, determinando soluciones y construyendo innovaciones.

Tiene que existir una esfera social que articule la comunidad de aprendizaje, que tiene una identidad definida por un campo de interés compartido (un deporte, una práctica económica, una práctica profesional, una práctica cultural, recreativa o educativa). No es un club o una red social que pone en relación a personas que comparten cierta afinidad o proximidad territorial, sino que se trata de personas que practican una actividad y que desean aprender colaborativamente conformando una comunidad. Los miembros implicados en esa comunidad están comprometidos con la mejora del campo de interés.

Se requiere que haya también una comunidad: es decir que los practicantes de un campo específico, interactúen y se involucren en actividades compartidas, a través de la ayuda a los otros y compartir información con los demás. Ellos construyen relaciones que los habiliten a aprender de cada otro. Se necesita de la interacción y del aprendizaje con los otros para que la comunidad se forme.

También se necesita una práctica. No se trata sólo de gente que tiene un interés común en algo, sino que los integrantes sean practicantes. Ellos desarrollan un repertorio compartido de recursos que pueden incluir relatos, herramientas de ayuda, experiencia, maneras de resolver problemas típicos de la práctica, etc. Este tipo de interacción requiere ser desarrollado a través del tiempo.

El enfoque competencial como estrategia de acción pedagógica

En los últimos años se ha ido instalando en el lenguaje pedagógico la noción de competencias, como una de las posibilidades metodológicas de hacer realidad las implicancias del aprender a aprender. Existe en la actualidad un amplio debate en el mundo académico sobre la utilidad y los riesgos del uso de la noción de competencia, ya que es un concepto que proviene del campo del trabajo y que ha sido propiciado por aquellos defensores del modelo tecnológico-didáctico. Los autores críticos a este concepto recuperan su valor para pensar los sentidos de la acción educadora, pero rechazan su utilización desde el contexto pragmático y tecnocrático.

El término *Competencia* se refiere a un conjunto de potencialidades de un sujeto que le posibilitan un buen desempeño, que se materializa al responder a una demanda compleja que implica resolver un(os) problema(s) en un contexto particular, pertinente y no rutinario. El concepto de desempeño introduce la relación con el saber hacer mientras que la vinculación con la resolución de problemas nos lleva a concluir que la competencia es esquema cognitivo en acción.

También se podría afirmar que una persona tiene una determinada *competencia* cuando muestra ciertos desempeños en un campo específico de la acción humana; en el desarrollo de tareas concretas y relevantes en las cuales proporciona respuestas o soluciones variadas y pertinentes, con recursos propios y/o externos. Hay competencia cuando de la actuación o saber hacer de una persona en un contexto específico se puede inferir que tiene una potencialidad que puede aplicar -y aplica- de manera flexible, adaptativa y eficiente en distintas situaciones o tareas de la vida.

De estas caracterizaciones podemos deducir que un rasgo constitutivo de la *competencia*, es que se refiere a una capacidad idealizada (mental o psicológica) de un sujeto o grupo de sujetos, y que se plasma en una *actuación* (performance o desempeño), que involucra la producción de ideas, discursos, acciones y/o artefactos o dispositivos.

En el campo educativo las competencias son valiosas en tanto que:

- Centran el protagonismo en quien está aprendiendo, porque es quien tiene que ir haciéndose competente.
- Se centran en el desarrollo de capacidades de la persona, más que en aspectos externos a ella.
- Dotan a las y los aprendientes de herramientas básicas y claves, como la lectura y la escritura, para que gracias a las competencias crecientes adquiridas, tengan mayor probabilidad de obtener buenos resultados en diversas áreas del conocimiento.
- Contrarrestan la obsolescencia del conocimiento y de la información. Como esta se desactualiza vertiginosamente en el mundo de hoy, el énfasis se pone en elementos que permanecen, como el saber hacer o el aprender a aprender.
- Preparan para afrontar diversas tareas, personales, laborales y profesionales.

La polisemia de la noción de competencia se revela en la multiplicidad de maneras de recortarlas y clasificarlas cuando las referimos al ámbito pedagógico. Podemos decir que las competencias formativas se pueden agrupar en dos grandes categorías: 1) las competencias básicas, generales, transversales, etc. 2) las competencias específicas ligadas a ciertos dominios específicos de saber; a desempeños prácticos o a destrezas especializadas vinculadas a un ámbito de prácticas.

Las competencias generales o transversales son las que posibilitan el desarrollo de las específicas y, por lo tanto, suponen su formación previa y su mejoramiento progresivo a través de la adquisición de competencias específicas. Por ejemplo, las competencias básicas de la lectura y la escritura son la condición de posibilidad para el desarrollo de otras competencias, las que en su proceso de formación llevan a la mejora y perfeccionamiento de las competencias generales adquiridas anteriormente.

La mayor parte de los autores coinciden en señalar que el educador debe conocer los procesos implicados en el desarrollo de competencias, en tanto que sin este conocimiento no podrá diseñar entornos y situaciones de aprendizaje que permitan que el aprendiente ponga en acción sus saberes y pueda aprender desempeñándose en la acción. De manera general puede señalarse que el desarrollo competencial supone el siguiente proceso:

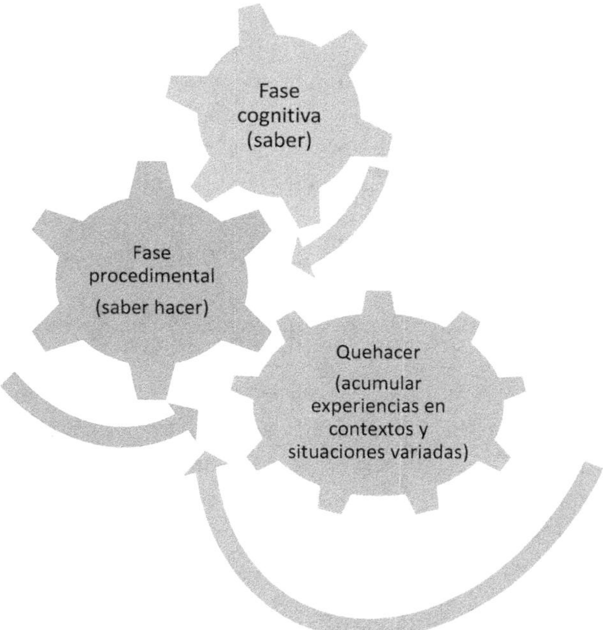

Las estrategias metodológicas para el desarrollo competencial pueden comenzar operativamente por cualquiera de estas instancias, pero siempre requiere el concurso de las tres formas de manipulación y experimentación del saber.

¿Cuáles son los beneficios que el enfoque de las competencias le aporta a los sujetos de aprendizaje?

- Desplaza el foco de la acumulación de información al desarrollo de capacidades y habilidades de uso de las mismas en contextos y situaciones de la vida cotidiana.
- Permite utilizar lo aprendido en diferentes situaciones.
- Fortalece la interacción entre el aprendizaje formal y no formal lo que redunda en una valorización del conocimiento formal que deja de ser percibido como inerte, sino como una producción social dinámica, histórica y vinculada al mundo de la vida.

- Les permite adquirir herramientas para resolver problemas de la realidad, en contraposición a problemas escolares que son o les parecen ficticios o sin sentido.
- Asocian las competencias con su desarrollo humano, conscientes de que no pueden limitarse a ser competentes para responder a las exigencias del mercado, sino también para otras dimensiones de sus desempeños en la vida social y otras vinculadas a su desarrollo personal.

El enfoque de competencias no es sólo una cuestión de los aprendientes

El concepto de competencia es atractivo para pensar de otro modo la cuestión del aprendizaje, pero también compromete los modos tradicionales de pensar la enseñanza. En este enfoque el educador no es un mero aplicador de técnicas y estrategias o un artesano creativo que inventa prácticas innovativas, sino que es un sujeto aprendiente que desarrolla competencias a medida que practica la educación y reflexiona sobre ellas (sobre la práctica y sobre los sentidos y alcances de la educación). A su vez, diferentes autores postulan que la tarea de enseñanza requiere de competencias específicas. Por ejemplo, Philippe Perrenoud propone diez competencias que las y los educadores deberían dominar en su práctica pedagógica. Recuperamos aquí aquellas que son pertinentes para el campo de la educación de adultos mayores:

- Organizar y animar situaciones y entornos de aprendizaje.
- Considerar y conducir la progresión de los aprendizajes.
- Concebir y hacer funcionar los dispositivos de diferenciación (intergrupal e intragrupal).
- Implicar a los estudiantes en sus aprendizajes y trabajos pedagógicos.
- Trabajar en equipo.
- Participar en la gestión del dispositivo socio-educativo o la organización social.
- Servirse de las Tecnologías de de la Información y de la Comunicación.
- Afrontar los deberes y los dilemas éticos de la profesión.

- Administrar su propia formación continua

El abordaje de la enseñanza por competencias requiere transformar aquellas concepciones heredadas que nos han hecho pensar que el nudo del acto pedagógico es la transmisión de los contenidos (información sobre conocimientos) en vez de los procesos y capacidades que los sujetos desarrollan a través de las experiencias de aprendizaje que proponemos.

El diseño de actividades y de situaciones en que los estudiantes pongan en juego la(s) competencia(s) que están aprendiendo pasa a ser el eje estructurador de la enseñanza basada en el enfoque de competencias. La preparación y dosificación de los contenidos de la asignatura (sin dejarlos de lado) pasa a un segundo plano, ya que los contenidos no son un fin, sino medios para que los estudiantes puedan desarrollar esquemas más complejos de interpretación y de acción a través de desempeños específicos en prácticas que posibiliten el desarrollo competencial requerido. Afirma Jonnaert (2006):

"La situación es la base y el criterio de la competencia. Es en situación que la persona desarrolla la competencia: la situación la origina. (...) Las competencias no pueden definirse sino en función de situaciones. (...) Es en situación que el alumno se construye, modifica o refuta los conocimientos contextualizados y desarrolla competencias a la vez situadas. (...) Ya no se trata de enseñar contenidos disciplinarios descontextualizados (área del trapecio, suma de fracciones, procedimiento de cálculo mental, reglas de sintaxis, modo de conjugación, etc.) sino de definir situaciones en las cuales los alumnos pueden construir, modificar o refutar conocimientos y competencias a propósito de contenidos disciplinarios".

Las situaciones de aprendizaje son abiertas, no cerradas (como lo es repetir lo enseñado, volver sobre lo mismo en otras palabras, en donde no se aplica la competencia, por el gran peso que se otorga a la memorización). El desarrollo de situaciones o entornos de aprendizaje parte de la interrogación de los educadores respecto a cuáles son las condiciones en que los aprendientes pueden actuar con determinada(s) competencia(s). Afirma Comellas (2000)

El diseño de situaciones debe ir más allá de repetir lo enseñado y rebasar los muros de la escuela. La planificación por competencias debe permitir y propiciar el ingreso de la vida cotidiana en el aula de clase, pues en distintas realidades es donde se ponen en juego las competencias, cuando entra en escena lo imprevisto, lo novedoso, lo inesperado y se generan oportunidades para desempeños competentes.

Pensar en situaciones vinculadas a la vida cotidiana situada y contextualizada en el universo socio-cultural de los sujetos requiere tener en cuenta que las situaciones que se propongan no sean exclusivamente disciplinares, sino también experienciales. En la respuesta a ellas se pone en actuación un bagaje de conocimientos, habilidades, actitudes, valores, procedimientos, etc., que supera los conocimientos descontextualizados, por importantes que ellos sean cuando se los mira de manera aislada.

Los tipos de competencias que pueden desarrollarse mediante la intervención educativa en la adultez y la vejez, son las siguientes:

- *Competencias intelectuales:* son los procesos cognitivos internos necesarios para operar con los símbolos, las representaciones, las ideas, las imágenes, los conceptos u otras abstracciones
- *Competencias prácticas:* son procesos cognitivos que se manifiestan en una acción con elementos o recursos y que se expresan en las habilidades organizativas, el manejo de recursos.
- *Competencias interactivas:* se relaciona con la capacidad de los sujetos de participar como miembros de grupos de referencia cercanos (familias, pares) e incluye habilidades para establecer consenso, aceptar las diferencias, ejercer el liderazgo y poder aprender y enseñar a otros.
- *Competencias sociales:* se refieren a la capacidad de interactuar en ámbitos más amplios y particularmente en los espacios públicos.

- *Competencias éticas:* ligadas a las capacidades para discernir lo bueno o lo malo, a partir del reconocimiento de la amplitud de posiciones y de la relatividad de valores.
- *Competencias estéticas:* ligadas a la capacidad para distinguir lo bello de lo que no lo es, teniendo como punto de partida la diversidad y el relativismo cultural.
- Teniendo en cuenta este esquema de competencias, se pueden evaluar y establecer junto con el mismo sujeto mayor (cuando las condiciones lo permitan) los objetivos competenciales que se pretende alcanzar. En función de esas metas, el educador tiene que buscar y seleccionar las actividades más adecuadas para el desarrollo de esas competencias.

Capítulo 8

HORIZONTES Y DESAFÍOS DE LA EDUCACIÓN DE ADULTOS MAYORES

Introducción

En este capítulo proponemos una recapitulación de las diferentes ópticas de análisis que hemos utilizado a lo largo del texto para abordar la tríada educación-aprendizaje-envejecimiento activo. Retornar en esta recapitulación a la educación de adultos mayores como campo conceptual y de prácticas implica reconocer su institucionalización en las sociedades contemporáneas y el creciente reconocimiento de su potencial de contribución para generar entornos de aprendizaje contenedores, flexibles y sustentados en un enfoque gerontagógico, que le permitan a los adultos mayores tramitar sus procesos de cambio personal, interpersonal y transpersonal. En la primera parte, recuperamos un conjunto de posicionamientos que desde un pensar y sentir latinoamericano evidencian una producción simbólica singular en torno a la vejez y el envejecimiento. También se plantean los dilemas, oportunidades y desafíos que los dispositivos educativos para adultos mayores deben afrontar en contextos socio-culturales heterogéneos, diversos y desiguales.

Educación de mayores y racionalidades gerontagógicas

En trabajos anteriores hemos señalado que en la educación de adultos mayores se pueden reconocer diferentes orientaciones ideológicas, que articulan ciertos valores políticos con tradiciones gerontológicas diversas (Yuni, 2000; Yuni y Urbano, 2005). Así, las diferencias nominales entre "educación de mayores", "educación para mayores", "educación con mayores" y "educación entre mayores", ponen al descubierto modos diferentes y diferenciales de pensar y hacer esta praxis.

Esas orientaciones ideológicas se expresan en la racionalidad gerontagógica institucional, es decir en una lógica de funcionamiento cotidiano de los dispositivos educativos. Esta lógica articula diferentes dimensiones constitutivas tales como los discursos, las prácticas, las formas de organización curricular y pedagógica, las concepciones sobre las capacidades y condiciones de educatividad de los adultos mayores, los significados sobre el aprendizaje circulantes en los dispositivos y los modos de construcción del poder, la autoridad y la participación.

La racionalidad gerontagógica institucional hace referencia a la articulación de las prácticas educativas con el imaginario institucional acerca de la vejez, el envejecimiento y el aprendizaje a lo largo de la vida. El imaginario institucional que nutre las experiencias educativas de adultos mayores, surgidas en el ámbito latinoamericano sostiene un conjunto de representaciones, discursos y prácticas acerca del envejecimiento como un momento otro del desarrollo humano y, por lo tanto, con posibilidades de despliegue de capacidades y recursos personales y sociales; como un momento vital de nuevas adquisiciones y realizaciones. En general, los dispositivos educativos de adultos mayores sostienen una visión positiva del envejecimiento, caracterizada por un conjunto de marcadores discursivos entre los que se destacan:

- La educación es una acción que se despliega en un proceso que conforma una praxis personal y social, a través de la cual los sujetos mayores continúan su interacción con el medio social y materializan la expresión de sus necesidades e ideales personales.

- La actividad educativa sostiene el sentido de productividad como capacidad eminentemente humana de creación, producción y transformación de sí mismo y del entorno. A través de ella las personas mayores mantienen el sentido de su contribución a la comunidad a la que pertenecen, mediante diferentes tipos de objetos, prácticas y acciones. Mediante la oferta de diferentes conocimientos, recursos, lenguajes, destrezas y habilidades, la educación habilita al adulto mayor para la exploración de nuevas formas de productividad social y afianza aquellas otras sobre las cuales los sujetos apuntalan su sentido de generatividad.

- La educación es un recurso y un factor de oportunidad para optimizar los procesos bio-psico-sociales y éticos conducentes al envejecimiento activo, saludable y exitoso. La competencia personal (en tanto capacidad para la adaptación y el desempeño social) y la autonomía (como capacidad para tomar decisiones acerca de sí mismo, de las condiciones de vida y de los sentidos de la propia existencia) constituyen el propósito principal de la intervención gerontagógica.

- Los adultos mayores poseen una amplia gama de necesidades e intereses personales como factores dinamizadores de su motivación para sostener su afiliación social e institucional hasta edades muy avanzadas de la vida. Se destacan entre esas necesidades las de actualización, de integración y reconocimiento social, de auto-realización, de trascendencia y de contribución a la comunidad. Esas motivaciones testimonian la importancia del mundo interno, el mantenimiento de la función deseante y el carácter auto-regulado del desarrollo, que orientan a los mayores hacia la realización de actividades a través de las cuales se pone en acto su potencial de humanización.

Algunos dilemas de la educación de adultos mayores

El sentido transformador que cada dispositivo le imprime a la acción gerontagógica es más significativo que el contenido (el cuerpo de conocimientos a transmitir) y que las estrategias metodológicas (aunque en ellas y a través de ellas se juegue la construcción de esos sentidos) a través de las que se juega su propia eficacia simbólica. En otras palabras, pueden existir dispositivos educativos que refuercen y sostengan ciertos estereotipos (aún positivos) de la vejez, sin proponerse como un espacio disruptivo, alternativo y alterativo de los imaginarios y representaciones dominantes. Por el contrario, otros dispositivos pueden propiciar imaginarios gerontagógicos instituyentes y desplegar una posición crítica respecto a los ideales culturales hegemónicos.

En particular, esta distancia crítica debe preservarse frente a los crecientes intereses vinculados a la mercantilización de la vejez y a la cada vez más variada oferta de bienes y servicios que se ofrecen para cumplir el sueño de la vejez dorada. En tal sentido, el crecimiento de la oferta recreativa, turística y educativa orientada hacia los adultos mayores pone en evidencia la construcción de un mercado de productos para el bienestar personal, convergente con un modelo de envejecimiento activo definido por ciertos estándares de consumo. En tal sentido, esta lógica propiciada por el mercado, pone en riesgo el potencial transformador de la educación, en tanto que la convierte en una mercancía adquirible por aquellas personas y grupos que poseen capacidad económica para invertir en ocio creativo. Asimismo, la dinámica de la mercantilización refuerza y renueva el sesgo de las desigualdades sociales en el acceso a la educación, ya que los mismos grupos sociales que se han beneficiado en edades tempranas de la vida de las oportunidades educacionales, son ahora los que tienen mayor presencia en los espacios educativos.

En sociedades fragmentadas y desiguales como las de Latinoamérica, solamente en la medida en que las políticas públicas reconozcan y promuevan la efectivización del derecho a la educación en múltiples formatos y estrategias (en tanto se orienten a cubrir las variadas y heterogéneas necesidades educativas de los adultos mayores) será posible evitar el acceso diferencial de las personas mayores a las oportunidades educativas que se puedan gestar.

Una educación comprometida en favorecer el buen vivir a lo largo de la vida, tiene que reconocerse en su potencial transformador en relación al campo del trabajo, la generatividad, la productividad social, la familia, la salud, la producción cultural y la ciudadanía, por mencionar los más relevantes. Tenemos que aspirar a que la educación de las personas mayores sea algo más que un mero ornato cultural para ciertos sectores privilegiados o una entretención inteligente destinada a exorcizar los fantasmas de la incapacidad, el deterioro y la impotencia que acechan los ideales del envejecimiento exitoso.

Las oportunidades de la Educación de adultos mayores

El saber tecno-científico ha producido en las últimas décadas notables avances en la identificación de los factores de riesgo que pueden afectar la salud física o mental. Estos factores son considerados de riesgo ya que poseen un potencial de producir algún tipo de daño que genere secuelas o sea precursor de patologías o trastornos. No obstante, poco se ha estudiado sobre los factores de oportunidad, es decir de aquellos factores que tienen un potencial benéfico, en tanto que son capaces de disminuir o de modificar el potencial de daño de los factores de riesgo.

Entendemos que la educación como práctica social y política es un factor de oportunidad para el buen envejecer. Si la educación convoca a lo social y lo hace presente en los dispositivos que inventa para efectivizar el mandato transformador de subjetividades y constructor de identidades, podemos vislumbrar la razón por la que los adultos mayores consideran que la educación es un recurso en sí mismo; un valor social imprescindible para continuar sujetados al orden social.

Desde esta perspectiva, ya no se trata de justificar la educabilidad de los adultos mayores (que encierra siempre la sospecha de si sus capacidades son suficientes para continuar aprendiendo y transformándose) sino de promover su educatividad (que no se deduce de sus capacidades) entendida como respuesta a la oferta de oportunidades que realiza la propia sociedad para desplegar el potencial de los sujetos añosos.

La noción de educatividad nos confronta a la realidad de que la percepción de necesidades educativas y su traducción en demandas de participación y afiliación en dispositivos socio-culturales orientados al despliegue formativo, es una función del accionar de las instituciones sociales (el Estado, la familia, los medios de comunicación, el Sistema educativo, etc.) que habilitan a los adultos mayores a pensarse como seres en construcción, sujetos en desarrollo, personas con potencial por descubrir, productores culturales y agentes sociales con recursos para aportar a su comunidad. En esa habilitación de los imaginarios sociales, las personas mayores pueden tramitar con mayor facilidad su incompletud y recurrir a los dispositivos educativos como recurso psico-social o como factor de oportunidad para auto-regular su desarrollo y elegir por sí mismos sus proyectos vitales.

Los desafíos de la educación de adultos mayores

Podemos afirmar con certeza que la educación de adultos mayores ya está institucionalizada en nuestras sociedades contemporáneas. Su reciente reconocimiento legislativo en la Convención Interamericana, como un derecho particular de las personas mayores y la multiplicación de prácticas y dispositivos educativos, revelan la potencialidad de este fenómeno social. No obstante, el proceso de institucionalización continúa y continuará desplegándose, en la medida que el proceso de envejecimiento como fenómeno socio-cultural continúe transformándose en términos cuantitativos y cualitativos. De cara a la mejor comprensión de este presente y del devenir del campo gerontagógico se hace necesario puntualizar algunos desafíos que se avizoran. Estos desafíos se plantean afirmativamente, como perspectivas orientadoras que tensionen y problematicen nuestras prácticas y experiencias.

- El conocimiento es un bien social y público y los dispositivos educativos son el espacio institucionalizado para su circulación, producción y reproducción. Estos espacios educativos deben sostener una vocación dialógica en la que se promueva el intercambio entre conocimientos y saberes; entre diferentes tipos de saberes; entre generaciones y entre sujetos que en su diversidad portan diferentes visiones y saberes sobre el mundo y sobre ser-en-el-mundo. El conocimiento es, por lo tanto, un medio de re-conocimiento subjetivo e intersubjetivo y la base sobre la cual se estructura la acción humana sobre el mundo interno y el mundo social. Por ello, estos dispositivos al sostener una visión dialógica, reconocen a los adultos mayores no sólo como depositarios del saber, sino como activos constructores de saberes socialmente significativos.

- La educación es un derecho que debe ser accesible (en tiempos, modos, formatos, estrategias y pertinencia) durante todo el curso de la vida. Para ello las instituciones sociales y educativas comprometidas con los adultos mayores tienen la responsabilidad de promover oportunidades, involucrando a los propios mayores en actividades sustentadas en la filosofía del aprendizaje para toda la vida y la educación intergeneracional.

- Los dispositivos educativos orientados a las personas mayores deben ser interpretados como la concreción del derecho de la educación a lo largo de la vida (aunque su emergencia institucional haya sido anterior a que este concepto se acuñara e impusiera en la agenda gerontagógica). La existencia en el campo socio-cultural de dispositivos educativos de adultos mayores se puede justificar en términos de políticas inclusivas como una suerte de círculo compensatorio intergeneracional por el que: a) se satisface las necesidades que el cambio cultural e individual impone a las personas mayores; b) se responde a demandas educativas postergadas por las desigualdades sociales y de género; c) se devuelve a los AM la contribución que han realizado y realizan para el mantenimiento de las instituciones sociales a través del trabajo y de sus aportes a través de los impuestos.

- Los dispositivos educativos son responsables de promover el reconocimiento del potencial de contribución social de los adultos mayores como colectivo. En tal sentido, deberían pensarse como espacios de experimentación y ejercicio de nuevos roles sociales y de prácticas participativas y colaborativas. Para las actuales generaciones de mayores este espacio de experimentación social es importante en tanto implica el aprendizaje de modos relacionales nuevos, ya que su participación social fue matrizada en procesos socio-políticos de corte autoritario, enmarcados en una cultura machista.

- Las experiencias de educación de adultos mayores deberían estar orientadas al empoderamiento y el aprendizaje de nuevos roles sociales o la resignificación de roles tradicionales. En sus prácticas cotidianas, estas experiencias podrían movilizar la generatividad de los adultos mayores, involucrándolos en tareas y proyectos en los que se materialice su productividad y deseo de influencia social.

- La dimensión generativa de las instituciones educadoras se puede caracterizar en relación a un conjunto de aspectos. Además de su imaginario positivo sobre la vejez, estas instituciones deben asumir un compromiso activo en la promoción y afianzamiento de la creencia básica sobre la capacidad de la especie humana para conquistar lo mejor de su humanidad a través de la creación, la crianza y el cuidado de sí, de los otros y del mundo. Esa conquista de la humanidad es posible sólo en el marco de una comunidad que oferta significados y promueve sentidos a la existencia individual y, a la vez, posibilita inscribir la propia biografía en instituciones y procesos socio-culturales más amplios. En este sentido, los dispositivos educativos ofertan un conjunto de representaciones que sostienen una de las condiciones de la generatividad señalada por Erikson

(2000), que refiere a la creencia básica en la especie humana, promoviendo una visión de sí mismos y de los otros como seres capaces de transformar/se y "salvar/se" en una dialéctica de encuentro, intercambio e inter-acción con los otros.

- Los dispositivos educativos deben afirman el potencial de los adultos mayores para participar en esa tarea "creadora" de lo social a través de estrategias tales como: a) creación de objetos y prácticas socio-culturales; b) la crianza y el cuidado de las siguientes generaciones a través de su atención y acompañamiento mediante tareas de voluntariado en diferentes organizaciones comunitarias; c) el cuidado, protección y actualización del legado personal-comunitario para ofrecérselo a los semejantes-contemporáneos; d) el sostenimiento de formas de autocuidado mediante la construcción de redes e intercambios significativos.

- Con estrategias diferentes los dispositivos educativos deben involucrar a las personas mayores en actividades en las que puedan reafirmar su interés y compromiso con el bienestar de las generaciones futuras y con su propia generación. La inclusión en actividades educativas debería conducir a una ampliación del espacio cotidiano de acción de los adultos mayores, pasando de formas de compromiso ligadas principalmente al ámbito de las relaciones familiares, hacia otros tipos de relaciones sociales que involucran a un amplio rango de personas y situaciones (niños en situación de calle, alumnos de escuelas con problemáticas sociales, ancianos institucionalizados, adolescentes embarazadas, sectores poblacionales pobres, etc.).

- Los discursos y prácticas institucionales deben apuntalar y promover la generatividad de los adultos mayores a través de una doble interpelación. Por un lado, apelando a su capacidad de incidir sobre sus entornos, a través de la canalización de sus aspectos generativos. Con ello, refuerzan el valor de la contribución social más allá de la edad. Por otro lado, los adultos mayores pueden beneficiarse en esos intercambios, en tanto que a través de la participación social salen del aislamiento, combaten la sensación de marginación social y de improductividad, revalorizando su potencial constructivo.

- Las experiencias educativas ponen en circulación entre los adultos mayores una visión de sí mismos en la que además de contribuir con sus acciones a la satisfacción de las necesidades de otros, satisfacen su propia necesidad de sentirse necesarios. De ese modo, las prácticas que se realizan en estos espacios orientados a la participación inciden recursivamente sobre las necesidades profundas de los sujetos y sobre las tareas necesarias para cuidar a otros.

- Los dispositivos educativos de adultos mayores deben contribuir a des-armar las matrices de aprendizaje adquiridas en el proceso de escolarización formal, colaborando en la construcción de estrategias y modalidades de aprender basadas en las necesidades, condiciones, intereses y sentido existencial que los sujetos le atribuyen. Los dispositivos no deben reducirse a su función transmisiva de información, sino que deben proponerse como espacios en los que se facilite un cambio de posición educativa del adulto mayor: realizando un pasaje desde una posición tradicional de estudiante a otra más activa, autónoma, de co-producción y co-gestión de los conocimientos, que los habilite para participar y contribuir en diferentes proyectos, ejerciendo nuevos roles sociales a través del aprendizaje-servicio.

- Los dispositivos educativos de adultos mayores deben permitir que los adultos mayores puedan continuar aprendiendo y enriqueciendo sus conocimientos y, a la vez, posibilitarles aplicar lo aprendido en el contexto comunitario. Estas experiencias implican un pasaje desde una concepción del aprendizaje como recurso adaptativo y de la educación como transmisión de un conjunto de conocimientos, a una concepción del aprendizaje como proceso de transformación personal y social y a la educación como un proceso de re-creación, reproducción y producción de conocimientos y saberes socialmente significativos.

Bibliografía

Alba, V. (1992). Historia Social de la Vejez. Barcelona: Laertes.

Albano, S. (2003). Michel Foucault: glosario epistemológico. Buenos Aires: Editorial Quadrata.

Alfageme, A, Cabedo, S. y P. Escuder (2006). Los programas universitarios para mayores en el espacio europeo de aprendizaje permanente. En Mª A. HOLGADO y Mª T. RAMOS (Dir.), *VIII Encuentro Nacional de Programas Universitarios para Mayores: Una apuesta por el aprendizaje a lo largo de la vida*. Madrid: Ministerio de Trabajo y Asuntos Sociales.

Appudarai, A. (2001) Globalization. Durham: Duke University Press.

Arfuch, L. (2005). Pensar este tiempo. Espacios, afectos, pertenencias. Buenos Aires: Paidós,

Aries, P. (1986). El hombre ante la muerte. Buenos Aires: Ed. Taurus.

Aries, P. y G. Duby (1990). Historia de la vida privada. Buenos Aires: Taurus.

Arnold, B. y J. Costa (1996). A new vision of the Third Age, or the Individual and Society as a result of Learning Possibilities for Older Adults. Continuing Scientific Education in Europe. *International Journal of Third Age Learning International Studies*, 6, 105-117.

Avanzini, G. (1996). L´education des Adultes. París: Anthropos.

Avramov, D. y M. Maskova (2003), Active Ageing in Europe.

Volume 1. *Population Studies, 41*, 1-52.

Baltes, P. B. (1998). Theoretical propositions of life-span developmental psychology: On the dynamics between growth and decline. In M. P. Lawton & T. A. Salthouse (Eds.) Essential papers on the psychology of aging (pp. 86-123). New York: New York University Press.

Baltes, P. B. (2003). On the incomplete architecture of human ontogeny: Selection, optimization, and compensation as foundation of developmental theory. In U. M. Staudinger & U. Lindenberger (Eds.), Understanding human development: Dialogues with lifespan psychology (pp. 17-43). Boston: Kluwer.

Baltes, P. B. (Ed.). (2005). Theoretical approaches to lifespan development: Interdisciplinary perspectives [Special Issue]. *Research in Human Development*, 2(1-2). Mahwah, NJ: Erlbaum.

Barca, R., Oddone, J. y L. Salvareza (2001). Actualización del debate internacional sobre la problemática del envejecimiento y la vejez. En Informe sobre la situación de Adultos Mayores. Buenos Aires: Secretaría de la Tercera Edad de la Presidencia de la Nación.

Belanger, P. y Federigui, P. (2004) Análisis transnacional de las políticas de la educación y la formación de adultos. Buenos Aires: Miño y Dávila.

Belsky, J. (1996). Psicología del envejecimiento. Teoría, investigaciones e intervenciones. Barcelona: Masson S.A.

Birren, J. (2007) Encyclopedy of Gerontology. Age, Aging and Aged. Elsevier, Academic Press, London.

Birren, J. y Woodruff, J. (1991). Human development over the Life Span through Education. En: P. Baltes y W. Schaie (comp.). Life-Span Developmental Psychology: Personality and socialization. Academic Press,inc. New York.

Boudiny, K. (2013) *"Active Ageing": from empty rhetoric to effective policy tool.* Ageing and Society, Vol 33, 6, 1077-1098.

Boyer, P., & Heckhausen, J. (2000). Introductory notes. American Behavioral Scientist, 43, 917-925. Brain, mind, and culture: From interactionism to biocultural co-constructivism. Conference at Hotel Döllnsee-Schorfheide, August 6-10, 2003. Conference Berlin: Max Planck Institute for Human Development.

Bronfenbrenner, U. (1987). La ecología del desarrollo humano: Cognición y desarrollo humano. Barcelona: Paidós. (vers.orig. 1979).

Bruner, J. (1997) La educación: puerta de la cultura. Visor, Madrid.

Butler, J. (1993). Cuerpos que importan. Sobre los límites materiales y discursivos del "sexo". Buenos Aires: Paidós. Colección género y cultura.

Cassia, R. (2012) Políticas públicas, educacao e a Pesqusa sobre o idoso no Brasil. Diferentes abordagens da temática nas teses e dissertacoes. Actas de IX ANPED-Sul. Ponta Grossa.

Cassia, R. ; Silva, F. y P. Scortegagna (2010). A Construção de Espaço Educativo par a uma Nova Velhice: a Universidade Aberta para Terceira Idade. *Ageing Horizons*, Vol 9, 28-39.

CELADE (2006) Los derechos en la vejez. *Envejecimiento y Desarrollo* Nº 4. Santiago de Chile.

CEPAL (2009) El envejecimiento y las personas de edad. Indicadores socio-demográficas para América Latina y El Caribe. CELADE, Naciones Unidas, Santiago de Chile.

Clayton, V. y J. Birren (1980). The development of wisdom across the life span: A reexamination of an ancient topic. In P. B. Baltes & O. G. Brim, Jr. (Eds.), Life-sapn development and behavior (Vol. 3, pp. 103-135). New York: Academic Press.

Cohen, L. (1994). Old age: cultural and critical perspectives. *Annual Reviews Anthropology*. Núm. 23. Pp. 137-158.

Cruz, A. & L. Pérez (2006). "Envejecer ayudando. Envejecer Aprendiendo. Adultos Mayores en Uruguay: actores del voluntariado y del servicio cívico". Publicación del Instituto de Comunicación y Desarrollo (ICD). Montevideo, 2006: p. 39.

Cusack, S. (1994). "Developing Leadership in the Third Age: An Ethnographic Study of Leadership in a Seniors Center". *Journal of Applied Gerontology* 13(2): 127-142.

D'Epinnay, L. et al. (2005). Les parcours de vie. En: Guillaume, J. (ed.) Parcurs biografiques. Liege presses universitaires de Liege.

De Board. R (1996). "El Psicoanálisis de las organizaciones". Buenos Aires, Argentina. Paidós. Grupos / Instituciones.

Dixon, L. Bäckman, & L.-G. Nilsson (Eds.) (2004), New frontiers in cognitive aging (pp. 161-177). New York: Oxford University Press.

Duschavtsky, S. (comp.). *Tutelados y asistidos.* Buenos Aires: Paidós.

Elisalde, R. y Ampudia, M. (2008) Movimientos sociales y educación. Teoría e historia de la educación popular en Argentina y América Latina. Buenos Aires: Buenos libros.

Erikson, E. (1971). *Identidad, Juventud y Crisis.* Barcelona, Bs. As., México: Paidós.

Erikson, E. y J. Erikson (2000). El ciclo vital completado. Ed. Paidós, Barcelona, Bs. As., México

Etkin, J. y L. Schvarstein (1989). Identidad de las organizaciones. Invariancia y cambio. Buenos Aires: Paidós.

Felfedber, M. y Gluz, Nora (2009) Las políticas educativas en argentina: herencias de los '90, contradicciones y tendencias de "nuevo signo". *Educ. Soc.*, Campinas, v. 32, n. 115, p. 339-356, abr.-jun. 2011 Disponivel em http://www.cedes.unicamp.br

Fernández, L. (1998). Instituciones educativas. Dinámicas Institucionales en Situaciones Críticas. Buenos Aires, Paidós.

Formosa, M. (2005). Feminism and Critical Educational Gerontology: an agenda for good practice. *Ageing International,* Fall 2005, Vol. 30, No. 4, pp. 396-411.

Foucault, M. (1977) Historia de la Sexualidad. Volumen 1. Madrid: Siglo XXI.

Foucault, M. (1978b). Microfísica del poder. Madrid: La Piqueta.

Foucault, M. (1983). El discurso de poder. México: Folio Ediciones.

Freund, A. M., & Baltes, P. B. (2007). Toward a theory of successful aging: Selection, optimization, and compensation. In R. Fernández-Ballesteros (Ed.), Geropsychology: European perspectives for an aging world (pp. 239-254). Cambridge, Mass.: Hogrefe & Huber.

Freund, A. M., & Ebsner, N. C. (2005). The aging self: Shifting from promoting gains to balancing losses. In W. Greve, K. Rothermund, & D. Wentura (Eds.), The adaptive self: Personal continuity and intentional self-development (pp. 185-202). Göttingen: Hogrefe.

Freund, A. M.; Li, K. & Baltes, P. B. (1999). Successful development and aging: The role of selection, optimization, and compensation. In J. Brandtstädter & R. M. Lerner (Eds.), Action and self-development: Theory and research through the life span (pp. 401-434). Thousand Oaks, California: Sage.

García Sanchez, C; Estevez González, A y Kulisevski, J. (2002). Estimulación cognitiva en el envejecimiento y la demencia. *Revista Psiquiatría*. Fac. Med Barna, 29 (6) 374-378.

Gastrón L., Oddone M.J., (2008), «Reflexiones en torno al tiempo y el paradigma del curso de vida», *Revista Perspectivas en Psicología*, 5 (2), 1-9.

Giddens, A. (1991). Modernity and Self Identity: Self and Society in the Late Modern Age. Cambridge: Polity

Glendenning, F. (1990). What is the future of educational gerontology. *Ageing and Society*, II. Pp. 209-216

Goffman, E. (1970). Estigma. Buenos Aires: Amorrortu.

Golpe, L. (2011) La espinosa cuestión ontológica de la vejez (Una mirada antropológica sobre los imaginarios profesionales argentinos del espacio gerontológico). Documento de trabajo no publicado. Doctorado en Ciencias Humanas. Catamarca: UNCa

Grinberg, L. y R. Grinberg (1993). Identidad y Cambio. Barcelona: Paidós. Psicología Profunda.

Guillén, G. (1998) Historia de la vejez. *Revista Gerontología Mundial.* Año 2, nro. 3

Hiemstra, R. (1975). The older adult and learning. Lincoln: University of Nebraska. (ERIC Document Reproduction Service No. CE 006003).

Hoplinger, F. (2002). Generative potential in advanced age. Sociological intergenerational considerations of an old topic. *Z Gerontol Geriatr*. 2002 Aug; 35(4):328-34

Hornum, B. y A. Glascock (1989). Whither Anthropological Gerontology? The science and practice of Gerontology. London, Jessica Kingsley Publishers. Pp. 89-108.

Houben, M, Audenaert, V. y D. Mortelmans (2004). Leisure and Time Allocation. Garant, Antwerpen, Belgium, 225-252.

Hübner, S. (1998). El compromiso de la universidad con la tercera edad. *International Journal of Third Age Learning International*

Studies, 8, 106-110.

Huenchuan, S. (Ed.) (2009a) Envejecimiento, derechos humanos y políticas públicas. Ed. CEPAL, CELADE, Naciones Unidas, Santiago de Chile.

Huenchuan, S. (Ed.) (2009b) Escenarios futuros en políticas de vejez. Estudio Delphi comparado en países seleccionados. Ed. CEPAL, CELADE, Naciones Unidas, Santiago de Chile.

Jacobs, T. (2005) *Being Old, Feeling Old. Between utonomy and Dependency in the Area of "Active Ageing".* University of Antwerpen: Belgium.

Jarvis, P. (1987). Meaningful and meaningless experiences: Towards an analysis of learning from life. Adult Education Quarterly, 37 (2), 164-172.

Jarvis, P. (1989). Sociología de la Educación Continua y de Adultos. Barcelona: Ed. El Roure.

Jarvis, P. (2001) Personas Mayores, Educación y Aprendizaje. En Saez Carreras, Educación y aprendizaje en las personas mayores. Dykinson, Madrid.

Jarvis, P. (2001). *Learning in Later Life.* London: Kogan Page.

Kaminsky, G. (1998). Dispositivos Institucionales. Democracia y autoritarismo en los problemas institucionales. Buenos Aires: Lugar Editorial.

Knowles, M. S. (1980). The modern practice of adult education. 2nd edition. New York: Cambridge Books.

Kotre, J. (1995). "Generative outcome". *Journal of aging studies*, vol. 9, núm. 1, p.

Kotre, J. (2006) *Outliving the Self. How to live on in future generations.* Ed. W.W. Norton & Cía, New York-London

Kovadloff, S. (2001). La Vejez, Mal Verdadero. En: La Nueva Ignorancia. Buenos Aires: Emecé.

Lawton, M. y L. Nahemow (1973). Ecology and the aging process. En C. Eisdorfer y M.P. Lawton (eds.). The Psychology of Adult Development and aging. Washington, D.C.: American Psychological Association, 619-674.

Lawton, M. (1989) Medio ambiente y satisfacción de necesidades en el envejecimiento. En L. Cartensen y B. Edelstein, Gerontología

Clínica. El envejecimiento y sus trastornos. Barcelona: Martínez Roca, pp. 46-53.

Lemieux, A. (1997). Los programas universitarios para mayores. Enseñanza e investigación. Madrid: INSERSO.

Limon mendizabal, R. (1994). Acción de los Organismos Internacionales en la Educación de la Tercera Edad. Revista Educadores, 172: s/p.

Lirio Castro, J. [et al.] (2008). *Envejecer Participando*. Madrid/ Buenos Aires: Miño y Dávila.

López, B. (2010) La transición entre ocupar el tiempo libre y empoderar. Perspectiva de la educación universitaria dirigida a adultos mayores. *Ageing Horizons*, Vol 9, 82-99.

Manheimer, R. (2007) Education and Aging. New York, Elsevier Inc.

Martin García, A.V. (1994). Educación y envejecimiento. Barcelona: P.P.U.

Martin Garcia, A.V. (1991). Prospectiva de la Gerontología Educativa. Revista de Ciencias de la Educación, Abril-Junio, n1 146, pp. 223-230.

Maturana, H. y F. VARELA (1996). El árbol del conocimiento. Las bases biológicas del conocimiento humano. Madrid: DEBATE. Pensamiento.

Mayhew, L. (2005) Active Ageing in the UK - issues, barriers, policy directions. Innovation: *The European Journal of Social Science Research*, 18, 4, 455-477.

Mc Adams, D. (2006). "The Redemptive Self: Generativity and the Stories Americans

Mc Adams, D. y E. De St. Aubin. (comp.). *Generativity and Adult Development*.

McKenna, M. (2008) Transcultural nursing care of older adult clients. In Andrews, M. y Boyle, J. (eds) Transcultural Concepts in Nursing Care: Fifth Edition. Williams & Wilkins, Philadelphia, 166-198.

Minois, G. (1987). Historia de la vejez. De la Antiguedad al Renacimiento. Madrid: Nerea.

Mishara, B. y R. Riedel (1986). El proceso de envejecimiento.

Madrid: Ediciones Morata.

Moody H. (1978). Education and the Life Cycle: "A Philosophy of Aging", in Introduction to educational gerontology, Ed. D. B. Lumsden and R. H. Sherron. (Washington, D. C.: Hemisfhere). Pp, 41-42.

Moody, H. (1976). "Philosophical Presuppositions of Education for Old Age". Educational Gerontology, 1, 1-16.

Moody, H. (1986). "Late Life Learning in the Information Society". In Education and Aging. Edited by Peterson, D. A., Thorton, J. E., and Birren, J. E. Englewood Cliffs, N. J.: Prentice-Hall.

Moody, H. (1987). "Education as a Lifelong Process". In Our Aging Society: Paradox and Promise. Edited by Pifer, A. and Bronte, L. New York: W. W. Norton.

Morin, E. (1995). La noción de sujeto. En Schnitman, D. (Comp.). *Nuevos Paradigmas, Cultura y Subjetividad.* Buenos Aires: Paidós.

Morin, E. (2003). El Método. La Humanidad de la Humanidad. La identidad humana. Madrid: Ed. Cátedra. Colección Teorema. Serie Mayor.

Oddone, M. J. & L. Salvarezza (2001). Caracterización psicosocial de la vejez. Informe sobre la Tercera Edad en la Argentina. Buenos Aires: Secretaría de la Tercera Edad y Acción Social.

OISS (Organización Iberoamericana de Seguridad Social) (2007) Situación y demandas de las personas mayores en los países del Cono Sur. Apuntes para su diagnóstico. Madrid.

OMS (2002) Envejecimiento activo: un marco político. Revista Española de Geriatría y Gerontología. 37(S2):74-105.

Orosa, T. (2001). *La Tercera Edad y la Familia. Una mirada desde el adulto mayor.*

Orosa, T. (2006) *Cátedra Universitaria del Adulto Mayor: la experiencia cubana.* Revista Decisio 15, UNESCO.

Orte, C. (Coord.) (2006). El aprendizaje a lo largo de toda la vida. Los programas universitarios de mayores. Madrid: Dykinson.

Peterson, D. A. (1983). Facilitating Education for Older Learners. San Francisco: Jossey-Bass.

Peterson, A. D. (1978). Toward a definition of educational gerontology. In R. H. Sherron & D. B. Lumsden (Eds.)

Introduction to educational gerontology. Washington, D. B.: Hemisphere.

Peterson, D. A. (1980). Who are the educational Gerontologist?. Educational Gerontology, 1. Pp 65-77.

Peterson, D. A. (1975). Life Span education and Gerontology. Gerontologist, 15, 5, part. 1. Pp 436-441

Peterson, D. A. (1976). Educational gerontology: The state of the art. Educational Gerontology, 1, 61-73.

Peterson, D. A. (1981). "Education for the Aging". Life-long Learning: The Adult Year 4: 16-18.

Peterson, D. A. (1990). "A History of the Education of Older Learners". In Introduction to Educational Gerontology. 3d. Ed. Edited by Sherron, R. H., and Lumsden, D. B. New York: Hemisphere.

Petriz, G. (1999) La educación de los mayores y la Universidad: propuesta para una realidad. Actas del I Congreso Nacional de Calidad de Vida. Buenos Aires.

Petriz, G. (2003). Educación permanente en la universidad, evaluación del proceso enseñanza-aprendizaje. En G. Petriz (comp.) Nuevas dimensiones del envejecer. Buenos Aires: Universidad Nacional de La Plata.

Pilley, C. (1993). Adult education, community development and older people. En Edwards, R.; Sieminski, S. y Zeldin, D. (1993) Adult learners, education and training. London: The Open University-Routledge. .

Pratt, M. y M. Arnold (2006). "Growing into Generativity: Adolescent Roots of predictors of well-being among older Canadians". *Ageing & Society*, núm. 30, p. 157-

Puiggrós, A. (1994): Imperialismo, educación y neoliberalismo en América Latina. Buenos Aires, Paidós.

Puiggrós, A. (1998) La educación popular en América Latina. Buenos Aires: Miño y Dávila.

Rodríguez, L. (1997) Pedagogía de la liberación y educación de adultos. En Puiggrós, A. Dictaduras y utopías en la historia reciente de la educación argentina [1955-1983]. Buenos Aires: Galerna.

Rodríguez, L. (2008) Situación presente de la educación de jóvenes y adultos en América Latina y el Caribe. México: CREFAL.

Rodríguez, L. (2009): *La educación de adultos en la historia reciente de América Latina y el Caribe.* Moreno Martínez, P.L. y Navarro García, C. (Coords.) Perspectivas históricas de la educación de personas adultas. Vol 3, Nº1. Universidad de Salamanca

Roitenburd, S. (2005) *Apuntes para el análisis de los problemas de la Educación de Adultos en la historia reciente. Políticas oficiales, espacio escolar y alumnos vulnerables.* En Roitenburd, S; Foglino A.M. & J.P. Abratte. Los centros educativos de nivel secundario de la DINEA. Córdoba: Brujas.

Rowe, J y R. Kahn (1997) Succesful aging. *The Gerontologist,* 37, 4, 433-440.

Ruiz, M; Scipioni, A. y D. Lentini (2008) Aprendizaje en la vejez e imaginario social. *Rev. Fundamentos en Humanidades,* Vol. 17, Núm. 1, 2008, pp. 221-233. San Luis, Argentina

Saez Carreras, J. (1996). Hacia la construcción de una gerontología educativa. Madrid: Narcea. .

Salinas, h. (1998). Individuo, cultura y crisis. Bilbao: Desclé De Brouwer.

Salvarezza, L. (1991). Psicogeriatría: teoría y clínica. Buenos Aires: Paidós.

Salvarezza, L. (1998). La vejez. Una mirada gerontológica actual. Buenos Aires: Paidós.

Schnitman, D. (Comp). (1995). Nuevos Paradigmas, Cultura y Subjetividad. Buenos Aires: Paidós.

Schroots, J. (1995) Psychological Models of Aging. *Revue Canadienne de Vieillesement,* Vol 14, N° 1, pp. 44-66.

Schvarstein, L. (1991). Psicología social de las organizaciones. Nuevos aportes. Buenos Aires: Paidós.

Schvarstein, L. (1998). Diseño de organizaciones. Tensiones y paradojas. Buenos Aires: Paidós.

Scortegagna, P. y Cassia, R. (2010). Educacao : integracao, insercao e reconhecimento social para o idoso. *Rev, Kairós Gerontología.* Vol 13 (1) Junho 53-72.

Serra, E. (1996) Desarrollo de las habilidades cognitivas en la edad adulta. Grupo Editor Universitario, Barcelona.

Silveira, N (2009) A pessoa idosa : educacao e cidadania. Sao Paulo : Secretaria Estadual de Assistencia e Desenvolvimento Social.

Sirvent, M.T. (2008) Educación de adultos: investigación, participación, desafíos y contradicciones. Buenos Aires: Miño y Dávila.

Staudinger, U. M. (2001). Psychology of wisdom. In N. J. Smelser y P. B. Baltes (Eds.-in-Chief), International encyclopedia of the social and behavioral sciences (Vol. 24, pp. 16510-16514). Elsevier.

Strejilevich, M. (1990). Strejilevich. Temas de Psicogeriatría. Argentina. Buenos Aires: Ediciones 1919.

Strom, R; Bernard, H. y Strom, S. (1987) Human Development and learning. Arizona: Human Sciences Press-Arizona State University.

Theurer, K y Wister, A. (2009) Altruistic behaviour and social capital as predictors of well-being among older Canadians. *Ageing & Society* 30, 2010, 157–181

Torres Reyez, Aura Ma. (2007) Política, Educación Permanente y Sociedad del Conocimiento. *Revista Iberoamericana de educación.*

Torres, R.M. (2002) Aprendizaje a lo largo de toda la vida: un nuevo momento y una nueva oportunidad para el aprendizaje y la educación básica de las personas adultas (AEBA) en el Sur. Documento de Trabajo ASDI, Estocolmo.

Travassos, D. y Giusti, G. (2010) Formacao de educadores : uma perspectiva de educacao de idoso en programas de EJA. *Educacao e Pesquisa*. Vol 36, 2.

Urbano, C. (2005). Acerca de los destinos que siguen los instintos de autoconsevación en el de-venir del "ethos" comunitario. *Revista Aportes desde las Humanidades*, Vol 4.

Urbano, C. (2010) Resignificación identitaria de los adultos mayores en dispositivos universitarios de educación no formal. Tesis Doctoral. Doctorado en Ciencias Humanas, Mención Educación. Facultad de Humanidades. Universidad Nacional de Catamarca.

Urbano, C. y J. Yuni (2007). Devenir otro de mí: Narrativas sobre educación y resignificación identitaria. Actas del Congreso

Iberoamericano de Experiencias Educativas Universitarias con Adultos Mayores "Construcciones y Transformaciones de la Educación Permanente". Universidad Nacional de Entre Ríos. Paraná. Septiembre de 2007.

Urbano, C. y J. Yuni (2009). Procesos Formativos: retornos de la experiencia intersubjetiva. En: Yuni, J. (2009). La formación docente. Complejidad y ausencias. Córdoba: Encuentro Grupo Editor. Colección Con-textos humanos.

Urbano, C. y J. Yuni (2013b). *Aprender para un envejecimiento activo: Retos para las prácticas educativas con personas mayores.* En Lirio Castro Juan (Comp.) Gerontología Social y Envejecimiento Activo. Ed. Universitas, Madrid.

Urbano, C. y J. Yuni. (2013a) Envejecimiento activo y dispositivos Socio-culturales ¿una nueva forma de normativizar los modos de envejecer? *Revista Publicatio* 21 (2). UEPG Humanist. Sci., Linguist., Lett. Arts, Ponta Grossa, 259-270, jul./dez. 2013

Urbano, C. y Yuni, J. (2001). *Aprendizaje e intervención educativa en la vejez.* Primer Congreso Internacional *Entre Educación y Salud.* Instituto Superior del Profesorado de Psicopedagogía y Educación Especial "Dr. Domingo Cabred". Septiembre. Córdoba.

Urbano, C. y Yuni, J. (2015) Psicología del desarrollo. Enfoques y perspectivas del Curso Vital. Ed. Brujas, Córdoba.

Vellas, P. (1998). L´Université du Troisiéme Âge. En AIUTA, L´Apport des UTA aux etudiants/L´Apport des UTA dans la société, 1996-1997. Roma, Italia: EDUP.

Walker, A. (2006) Active Ageing in employment: its meaning and potential. *Asia Pacific Review*, 13, 1, 78-93.

Walker, A. (2010) The emergence and application of active ageing in Europe. In Naegele, G. (ed) *Soziale Lebenslaufpolitik.* Wiesbaden, 585-601.

Walker, A. (2012). Active Ageing. A source of empowerment?. Proceedings of IFA 11th Global Conference on Ageing. Prague.

Willis, M. y Dalziel, R. (2009) LinkAge Plus: Capacity building–enabling and empowering older people as independent and active citizens. Report 571. INLOGOV, University of Birmingham.

Yuni, J. y N. Tamer, (1995a). Participación educativa y

democratización de oportunidades para las personas de Edad. Revista TALIS-Third Age Learning International Studies.5:123-131.

Yuni, J. (1993). La educación de las personas mayores como experiencia de integración social. Journal of Third Age Learning International Studies. (3), 101-112.

Yuni, J. (1996). *Aprender en la Tercera Edad: una respuesta de múltiples sentidos frente al problema de la distancia socio-cultural.* En: *Talis. Third Age Learning International Studies.Nº7. Toulouse, Francia: 201-208.* 13.

Yuni, J. (1996a). Integración y desarrollo personal de mayores sanos a través de la intervención educativa: una mirada desde la psicología ambiental. En Ciudad y Medio Ambiente desde la experiencia humana. Barcelona (en prensa)

Yuni, J. (1997). *Educación de adultos mayores y diversidad: aportes y desafíos para la integración.* En García Castaño, J. (comp.). *Educación y exclusión.* Laboratorio de Estudios Interculturales. Colección de Estudios Multiculturales. Granada, Universidad de Granada.

Yuni, J. (1999) Optimización del Desarrollo Personal mediante la Intervención Educativa en la Adultez y la Vejez. Tesis doctoral. Departamento de Psicología Evolutiva, Universidad de Granada, España.

Yuni, J. (2000). *El mito del eterno retorno: educación, subjetividad y mayores.* En Duschavtsky, S. (comp.). *Tutelados y asistidos.* Buenos Aires: Ed. Paidós.

Yuni, J. (2003). "Educación de Adultos Mayores en Latinoamérica: situación y contribuciones al debate gerontagógico". En Sáez Carreras, J. (Coord.). *Educación y aprendizaje en las personas mayores.* Madrid: Dykinson.

Yuni, J. (2005). "Modelos Internacionales de Educación en la Vejez". *Revista Psicologos.*

Yuni, J. (2010) "Buenas prácticas" institucionales de empoderamiento de personas mayores en el espacio educativo. Actas del Simposio Internacional REIACTIS, Universidad Católica de Chile, Santiago.

Yuni, J. (2013) Recorridos, limitaciones y posibilidades de las experiencias de educación no formal universitaria en Argentina. Actas del IV Congreso Iberoamericano de Universidades para Mayores. Universidad de Alicante-AEPUM. Alicante, España.

Yuni, J. y C. Urbano (2005). *Educación de adultos mayores. Teoría, investigación e intervenciones.* Córdoba: Ed. Brujas.

Yuni, J. y C. Urbano (2006a). *La educación como factor de oportunidad para el desarrollo de las personas mayores.* En Lirio, Juan y Alonso, David (comp.) (2006). "Mayores activos: Teorías, experiencias y reflexiones en torno a la participación". Madrid: Ed. Dykinson.

Yuni, J. y C. Urbano (2006b). *Modelos Organizacionales de Programas Universitarios de Adultos Mayores: situación y perspectivas críticas.* II Congreso Nacional de Extensión Universitaria. Mar del Plata, agosto, pp. 379-383

Yuni, J. y C. Urbano (2006b). *Modelos Organizacionales de Programas Universitarios de Adultos Mayores: situación y perspectivas críticas.* II Congreso Nacional de Extensión Universitaria. Mar del Plata, agosto, pp. 379-383

Yuni, J. y C. Urbano (2008 a). Condiciones y capacidades de los educadores de adultos mayores: la visión de los participantes. *Revista Argentina de Sociología. Año 6 Nº 10* Mayo-Junio 2008

Yuni, J. y C. Urbano (2008) Envejecimiento y género: perspectivas teóricas y aproximaciones al envejecimiento femenino". *Revista Argentina de Sociología*, Vol 6, N° 10. Buenos Aires, pp. 151-169.

Yuni, J. y C. Urbano (2008) La estimulación cognitiva de Adultos Mayores desde la perspectiva de la Ecología de la Vejez. Revista Perspectivas en Psicología. Revista de Psicología y Ciencias Afines. Volumen 5, Nº2 ISSN 1668-7175. Facultad de Mar del Plata. Noviembre de 2008.

Yuni, J. y C. Urbano (2008). Cartografía de experiencias educativas con Personas Mayores en el ámbito latinoamericano. *Revista Electrónica Palabras Mayores.* Facultad de Letras y Ciencias Humanas, Pontificia Universidad Católica del Perú. Año 1, agosto de 2008, 3-26.

Yuni, J. y C. Urbano (2009) Aprendizagem, adaptacao e identidades pessoal no envelhecimiento. En Leite Riveiro, L. y G. Zarebski

¿Neurociencias na Melhor Idade?. Ed. Tecmedd, San Pablo, Brasil.

Yuni, J. y C. Urbano (2014) *Transition times in Adult Education in Argentina: a historical-institutional perspective.* Käpplinger, B. y Robbak, S. (Eds.) International Anthology in Pedagogy, Andragogy, and Gerontagogy. Peter Lang Ed. Berlin University.

Yuni, José (2011) *Integraciones metateóricas en el Paradigma del Curso de la Vida. En* José Yuni (Compilador). *La vejez en el curso de la vida.* Colección Con-textos Humanos. Coedición Grupo Editorial Encuentro-Facultad de Humanidades, UNCa. Córdoba

Zacarés, J. y Serra, E. (1998) La madurez personal: perspectivas desde la psicología. Ediciones pirámide, Madrid.

Zarebski, G. (1999). *Hacia un Buen Envejecer,* Buenos Aires: Emecé – Planeta, Re-edic. Univ. Maimónides, 2005.

Zarebski, G. (2005) La Psicogerontología en Iberoamérica. Memorias Primer Congreso Iberoamericano de Psicogerontología. Buenos Aires: Univ. Maimónides.

Zolotow, D. (2004). *Devenires de la ancianidad.* Buenos Aires: Lumen Humanitas.

Zolotow. D. (1997) Programas Universitarios para la Tercera Edad. Actas del II Encuentro Nacional La Universidad como Objeto de Investigación. Buenos Aires: UBA.

Reimpreso por Editorial Brujas • agosto de 2018 • Córdoba–Argentina